KB037943

EBS 지식채널 ⓔ × 젠더 스펙트럼

EBS 지식채널 ⓔ

✕ 젠더 스펙트럼

지식채널 ⓔ 제작팀 지음

EBS BOOKS

GENDER

S P E C T R U M

GENDER

1

상식과
법률 사이

SPECTRUM

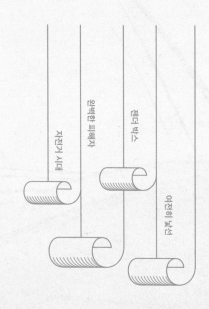

완벽한 피해자

젠더 박스

자전거 시대

위험한 낯선

여전히 낯선

ON AIR 20191121

영화 속 여성 캐릭터에 대한 분석

2017~2018년에 개봉한 할리우드 영화와

한국 영화 40편을 연구한 결과

여성은 남성보다 슬픔, 놀라움, 두려움 같은

'수동적 감정'을 주로 느낀다.

같은 경우의 남성과 비교할 때

여성이 자동차와 나오는 비율은 55.7퍼센트지만

가구와 나오는 비율은 123.9퍼센트.

여성이 화면을 점유하는 시간은 56퍼센트밖에 안 된다.

영화 속 캐릭터의 성평등 여부에 처음 관심을 가진 사람은 미국의 여성 만화가인 앨리슨 벡델Alison Bechdel.
1985년, 그녀가 성평등지수를 가늠하기 위해 고안한
벡델 테스트는 다음과 같다.

1. 이름이 있는 여성이 둘 이상인가?
2. 서로 한 번이라도 이야기를 나누는가?
3. 그 대화에 남성과 관련 없는 내용이 있는가?

어렵지 않아 보이는 이 세 조건을 갖춘 영화는 몇 편일까?
한국 흥행 영화 기준, 2016년 23편 중 7편
그리고 2017년 25편 중 5편.

벡델 테스트가 나온 지 30여 년,
2019년에 낯선 한국 영화 한 편이 만들어졌다.
개봉 전 사람들의 반응,
국내 최대 포털사이트에서 평점 테러가 일어났다.

"전혀 현실적이지 않은 영화."
"이딴 거 볼 바엔 집에서 잠이나…."
"쓰레기 영화, 배우가 아깝다."

이 영화 〈82년생 김지영〉에는 남성과 관련 없는 화제로
다른 여성과 대화하는 자기 이름이 있는 여성,
강혜수·김은실·오미숙·김은영·김지영이 등장한다.
한국 영화 100주년을 맞은 주간
박스오피스 1위를 차지했어도,
여전히 우리에게는 낯선 이야기다.

여성들의 우정과 자유를 담아내 페미니즘 영화의 고전으로 꼽히는 〈델마와 루이스〉(1991)에서 열연한 지나 데이비스Geena Davis. 2004년, 그녀가 딸과 TV를 보다 놀라운 사실을 알게 되었다. 어린이 프로에 나오는 여성 캐릭터가 남성 캐릭터보다 훨씬 적었다. 또 여성 캐릭터의 직업은 다양하지 않았다.

이 일로 데이비스가 2년 동안 유래 없는 어린이 미디어 연구를 진행하고, 그 결과 놀라운 사실을 밝혀냈다. 1990~2005년 할리우드의 전체관람기 흥행작 101편 중 대사가 있는 배역 72퍼센트의 성별이 남자였다. 주요 화자도 80퍼센트 넘게 남자였다. 심지어 〈니모를 찾아서〉(2003) 같은 애니메이션의 물고기까지 남자였다. 이것은 감독의 성비 불균형이 낳은 결과다. 샌디에이고주립대학 여성연구센터에 따르면, 2018년 미국의 개봉 영화 흥행 순위 상위 250편 중 남성 감독의 영화가 무려 92퍼센트다. 영화를 만드는 사람이 대부분 남성이라서 애초에 여성의 시선은 들어설 자리가 없는 것이다. 그런데 역설적으로, 2017년 미국의 흥행작 100편을 분석했더니 여성이 주인공인 영화의 수익이 38.1퍼센트

더 많았다. 여성이 주인공인 영화가 더 많은 돈을 버는데도 영화 속 여성이 남성의 시선으로 그려지고 있다.

CSI 효과라는 것이 있다. 미국의 범죄 수사 드라마 〈CSI〉에 여성 법의학자가 등장한 뒤 법의학 분야의 여성 비율이 증가했다고 한다. 현재 미국 법의학 현장 인력의 절반 정도가 여성이다. 또 2012년에 〈메리다와 마법의 숲〉, 〈헝거게임〉이 개봉한 뒤 미국에서 양궁 수업에 참여하는 여자아이가 105퍼센트 늘어 성인 남성 수강생보다 많아졌다. 이 두 작품 속 여성 주인공은 멋지게 활을 쏘면서 가족을 구하거나 혁명의 불을 지핀다. 즉 이미지가 현실에 강력한 영향을 미친 것이다.

한국 영화계의 상황은 어떨까? 영화진흥위원회의 '2018 한국 영화 산업 결산' 자료에 따르면, 2017년에 개봉한 순 제작비 30억 원 이상의 실사 영화 39편 가운데 벡델 테스트를 통과한 영화는 10편뿐이다. 이 결과 뒤에는 낮은 여성 감독 비율이라는 원인이 있다. 2018년 한국 상업 영화의 여성 감독은 13퍼센트. 2014년의 4.5퍼센트에 비해 세 배 가까이 늘어났어도 여성의 목소리를 대변하기에 충분한 수치는 결코 아니다.

그나마 다행스럽게도 세상이 조금은 달라지고 있다. 2020년 세계 영화계가 오래된 틀을 깨고 변화를 예고했다. 8월에 베를린영화제 주최 측이 주·조연상을 남녀 구분 없이 통합해 시상하겠다고 발표한 데 이어, 9월에는 영화의 주·조연과 주요 제작진

CSI 효과라는
것이 있다. 드라마에
여성 법의학자가
등장한 뒤 법의학
분야의 여성 비율이
증가했다고 한다.
현재 미국 법의학 현장
인력의 절반 정도가
여성이다.

에 여성·성소수자·유색인종·장애인 등이 포함되어야 한다는 오스카 작품상 후보작의 선정 기준이 추가된 것이다. 우리 삶과 동떨어진 영화가 감동을 줄 수 있을까? 진짜 현실을 반영하려면 카메라 앞에서도, 카메라 뒤에서도 여성의 모습이 더 많이 보여야 한다.

세상을 바로잡는 젠더 데이터

남성 중심적 세계관이 영화계만 지배한 것은 아니다. 사실상 온 세상이 남성을 표준으로 삼아 설계되었기 때문에, 여성들은 사회 전반에서 불편을 겪고 있다.

우선 사회 구성원들이 함께 이용하는 공공장소의 설계가 남성 중심적이다. 남녀 화장실의 면적이 똑같은데, 남자 화장실보다 여자 화장실 앞에 늘어선 사람들이 훨씬 더 많다. 왜 그럴까? 두 화장실의 면적이 같다면, 공정하고 평등한 것처럼 보인다. 하지만 실제는 그렇지 않다. 여성의 화장실 사용 시간은 남성의 2.3배. 주로 돌봄을 담당하는 여성이 아이나 장애인을 동반할 확률도 남성보다 높아서 여성의 화장실 사용 시간은 길어질 수밖에 없다. 즉 남녀 화장실의 면적이 똑같다면, 얼핏 보기에 평등한 듯해도 여성의 특성과 필요가 반영된 '젠더 데이터'를 고려하지 않고 만든 것이다.

신약 개발을 위한 임상 실험과 자동차 충돌 실험의 기준도 남성인 탓에, 여성은 약물 부작용에 무방비로 노출되며 똑같은 교통사고를 당해도 무사한 남성과 달리 목숨을 잃는다. 젠더 데이터의 공백은 교통, 도시계획, 의료, 기술, 노동 등 사회 곳곳에서 드러난다. 그럼 이 공백을 어떻게 메울 수 있을지, 공백을 메우는 것이 세상에 실제로 도움은 될지 궁금해진다.

2011년 스웨덴 칼스코가 시에서 모든 정책을 성인지적 관점에서 다시 평가했더니 성차별과 상관없을 것 같던 데서 문제가 드러났다. 차가 다니는 큰 도로에서 시작해 인도와 자전거 도로 순으로 하는 제설 작업이다. 다른 지역도 모두 따르는 평범한 제설 작업의 순서에 젠더 데이터가 빠져 있었다. 보통 여성이 남성보다 많이 걷고 대중교통을 이용한다. 국적에 상관없이 운전자는 여성보다 남성이 많다. 또 남성은 직장과 집을 오가는 단순한 이동 패턴을 보이는 경우가 많은데, 전 세계 무급 돌봄 노동의 75퍼센트를 맡은 여성은 아이를 학교에 데려다주고 직장에 갔다가 장을 보고 집에 돌아가는 식으로 짧은 이동이 꼬리에 꼬리를 무는 경우가 많다. 즉 큰 도로는 남성이, 인도는 여성이 더 많이 이용하는 것이다. 이런 사실을 깨달은 칼스코가 시는 보행자와 대중교통 이동자 중심으로 제설 작업의 순서를 바꿨다. 이 조치로 보행자 사고 발생률이 절반 이상 줄었다. 통념과 관성에서 벗어나 새로운 시각을 도입한 덕에 평등한 정책이 세워지고 모두가 행복한 결말을 맞았다.

물론 제설 순서를 처음 정할 때 일부러 여성을 희생하려는 의도가 있지는 않았다. 다만 정책 결정권을 가진 남성이 여성의 이동에 대해서는 생각하지 않고 자신의 이동 방식을 기준으로 제설 순서를 정했을 뿐이다. 아주 간단한 것이라도 불편하게 느껴진다면, 그 제도나 물건이나 체계가 누구를 기준으로 만들어졌는지 살펴봐야 한다. 그리고 여성의 특성과 필요가 반영된 젠더 데이터를 만들어, 이를 바탕으로 공백을 메우고 사회의 균형을 잡기 위해 노력해야 한다. 사회적 약자인 여성의 상황을 고려한 정책이라면 우리 모두에게 좋은 것일 수 있기 때문이다.

참고 자료

〈우먼 인 할리우드〉, 톰 도나휴 감독, 2019 | 「2018년 한국영화산업결산보고서」, 영화진흥위원회 | 케럴라인 크리아도 페레스, 『보이지 않는 여자들』, 황가한 옮김, 웅진지식하우스, 2020 | 「"화이트 오스카 그만!" … 유색인종 없으면 작품상 배제」, MBC 뉴스데스크, 2020년 9월 9일 | 「성 평등 '벡델 테스트' 25% 관문 통과한 2018 한국영화는?」, 《한겨레》, 2019년 2월 21일 | 「베를린영화제, 주조연상 남녀 구분 폐지한다」, 《스포츠경향》, 2020년 8월 26일

젠더 박스

M

F

'차이'를 '차별'로 만드는 두 개의 상자

젠더: 사회, 문화적으로 만들어지는 성

박스: 성별에 따라 주어지는 틀

남자는 파란색 여자는 분홍색, 남자는 수학 여자는 언어.
우리는 이것이 태어나면서부터 정해졌다고 믿어 왔다.
그런데 네 살은 성별 구분 없이 마네킹의 옷을 입히지만
여섯 살이 되면 남자 옷, 여자 옷을 구분한다.
즉 아이들은 성에 대한 개념 없이 태어나
자라면서 차이를 인식하는 것이다.
2005년 미국경제연구소가 주최한 회의에서

로런스 서머스Lawrence Summers 하버드대학 총장이 말했다.

"과학 분야 고위직에 여성이 적은 것은 선천적 소질 차이

때문이다. 남자들이 선천적으로 더 뛰어난 소질을

갖고 있을 수 있다."

시대의 지성인에게도 뿌리 깊은 고정관념.

그러나 성차는 근거가 없다.

미국, 영국, 오스트레일리아 9, 10학년

수학, 과학 최고 득점 비율은 남학생 53퍼센트,

여학생 47퍼센트로 별 차이가 없다.

— 2001 미국 대학입학자격시험 결과 분석, 『알파걸』

인지능력, 대화 스타일, 성격, 정신 건강, 신체 및 운동 능력 등

성차를 다룬 모든 심리학 연구 결과의 78퍼센트에서

성차는 미미하거나 거의 없다.

— 미국 위스콘신대학 연구 결과

신체적 차이보다 사회적으로 어떤 기대와 교육을 받느냐에 따라

여자와 남자의 능력 차이는 크게 달라집니다.

— 김고연주, 『나의 첫 젠더 수업』

이제 젠더 박스 바깥으로 나오려는 움직임이 생겨나고 있다.

남자와 여자에 대한 이분법을 넘어설 때
상상력도 나오고 협력하는 몸도 만들어진다.

— 조한혜정, 문화인류학자·연세대 명예교수

젠더 박스, 그 상자를 나오면
아이는 틀에 가둘 수 없는 한 사람일 뿐이다.

genderbox

임신 기간 후반에 접어든 여성이 가장 많이 받는 질문이 있다. "아들이에요? 딸이에요?" 여성에게 중요한 문제는 태아의 성별보다는 자신과 태아의 건강일 텐데 말이다. 아직 태어나지도 않은 아이의 성별을 알게 되는 순간, 그 아이의 삶에 대한 이미지는 고정되는 경우가 많다. 멜빵바지를 입고 공룡 흉내를 내는 남자아이 또는 분홍색 공주 치마를 입고 소꿉놀이를 하는 여자아이.

대개 아이는 어른이 중요하게 여기는 것을 중요하게 여기며 그것을 이해하려고 노력한다. 남자는 거칠고 여자는 얌전하다는 말을 계속 듣고 자라다 보면, 아이가 자신만의 특성을 발견하는 대신 사회에서 성별에 따라 요구하는 자아를 만드는 데 열중하게 될 것이다. 그런데 젠더 고정관념이 교과서에까지 배어 있다.

2018년, 여성가족부가 교과서 속 성차별적 표현의 개선 방안에 대해 온라인 국민 참여 공모 '바꾸면 쓸모 있는 성평등 교과서'를 진행했다. 총 894명이 이 공모에 참여해 교과서 속 다양한 성차별 표현을 찾아내고 대안을 제시했는데, 가장 많이 지적한 것이 성별 특성에 관한 고정관념이다. 남자아이는 로봇을 여자

아이는 인형을 가지고 노는 장면을 담은 그림, 토끼나 여우나 고양이같이 약한 동물을 여성에 비유하고 사자나 호랑이 같은 강한 동물을 남성에 비유하는 것이 그 예다.

성 역할 고정관념도 문제로 드러났다. 가족들의 저녁 시간을 보여 주는 실과 교과서의 삽화에서 다른 가족들은 앉아 있는데 엄마 혼자 과일을 준비하는 것은 돌봄 노동은 당연히 여성의 몫이라는 인식을 심어 줄 수 있다. 직업도 마찬가지다. 의사는 남자, 간호사는 여자라는 식으로 사회의 통념을 답습하는 것이 미래의 주역에게 어울릴지 의문이다. 교과서가 사실을 공정하게 전달하는 데도 부족했다는 지적이 있다. 남성 못지않게 치열하게 활동한 여성 독립운동가들의 이야기가 충분히 다뤄지지 않았다는 점이 그런 경우다.

사실 성별 고정관념이 강화, 재생산되는 것은 남자아이에게도 유해하다. 남자아이는 강해야 하고 상황을 책임지고 통제해야 하며 감정을 드러내면 안 된다고, 즉 남자다울 것을 끊임없이 요구받는다. 이 모든 것은, 여자아이를 자기 자신이 되지 못하게 하는 것과 마찬가지로 억압적이고 남자아이를 불행하게 만든다. 개성과 잠재력을 가로막기 때문이다.

최근 문화계에는 신선한 시도가 있다. 성별에 따른 전형적인 모습과 행동을 뒤섞거나 뒤집는 젠더 벤딩gender bending, 영화나 드라마 원작의 남녀 배역을 바꿔 보는 젠더 스와프gender swap 같은 것이다. '말괄량이 삐삐'가 남자아이라도 똑같이 매력적일지 생각해 본다. 아마 현실에서 여자아이들이 받는 요구를 가볍게 뛰어넘는 삐삐의 모습에 열광한 사람이 많을 것이다. 남녀의 자리를 바꿔 보며 성별 고정관념을 깨닫고 누구든 그 사람 자체를 보려는 노력은 분명히 더 자유롭고 더 자기다운 삶으로 가는 길이다.

여성이길 거부한 여성들

성별 고정관념이 강화된 사회에서 성공하려는 여성들은 여성성을 포기하기도 한다. 권력을 대부분 남성이 가진 사회에서 남성성은 곧 성공을 의미하기 때문이다.

고대 이집트의 여왕 하트셉수트Hatshepsut는 가짜 수염을 달고 남장을 한 채 나라를 다스렸다. 그녀가 훌륭한 통치자였기 때문에 재위 기간 동안 이집트는 평화로웠다. 그럼에도 남장과 가짜 수염이 필요했던 것은 여성으로만 존재해서는 왕권을 충분히 행사하지 못한다는 판단 때문이 아니었을까?

우리가 잘 아는 잔 다르크Jeanne d'Arc도 남장을 하고 전장에 나

성별 고정관념이
강화된 사회에서
성공하려는
여성들은 여성성을
포기하기도 한다.
권력을 대부분
남성이 가진
사회에서
남성성은 곧
성공을
의미하기
때문이다.

섰다. 남장이 전투에 편하고 유사시 자기 몸을 지킬 수 있는 방법이었기 때문이다. 그런데 그녀가 영국의 침략으로 위기에 빠진 프랑스를 구하고도 종교재판에 회부돼 화형당하고 만다. 전쟁 영웅인 그녀가 권력자들에게 불편해졌다는 게 진짜 이유겠지만, 명목상 이유는 남장을 했다는 것이다.

남성과 여성의 일이 철저히 분리된 사회에서, 여성은 힘을 갖기 위해 스스로 '남성됨'을 선택한다. 이런 선택이 시대적 한계에 따라 피할 수 없고 유효한 전략일 수 있지만, 성공한 여성의 내면이 가부장제의 질서로부터 자유로울 수 없다는 것을 방증하기도 한다. 6000년간 이어져 내려온 가부장제가 눈에 보이는 사회적·문화적 현상뿐만 아니라 여성들의 내면 깊이 자리 잡아 여성이 스스로 남성보다 열등한 존재라고 여기면서, 성공하고 인정받기 위해 자신의 진정한 모습을 외면하게 되는 것이다.

사회적으로 여성의 몫이 부족한 것도 여성들이 지나치게 경쟁하며 서로 견제하고 남성적 요소에 집착하게 되는 원인이다. 열 가지 일자리 중 남성의 몫이 아홉이고 여성의 몫은 하나라고 해 보자. OECD가 성별임금격차를 발표한 이래 한 번도 1위 자리에서 내려오지 않았고, 똑같이 대졸 이상 학력이라도 남성이 100만 원을 받을 때 여성은 65만 원 정도만 받는 한국 상황에서 이런 가정이 억지는 아니다. 아홉을 놓고 경쟁하는 남성들보다 하나를 놓고 경쟁하는 여성들이 더 많이 싸울 수밖에 없고, 이렇게 남성 중심적인 사회에서는 여성성을 포기한 여성이 성공할 확률이 높아진다. 유리천장을 뚫고 남성 중심적 질서의 꼭대기까지 올라간 여성이 여성 친화적이지 않을 수도 있다는 뜻이다. 흔히 여성의 이런 일면을 두고 '여자의 적은 여자'라거나 '여왕벌 신드롬'을 운운하는데, 이는 여성이 여성성을 포기하는 배경은 보지 않고 이를 성공한 여성의 부정적 특성으로 고정하기 때문에 옳지 않다. 물론 오랫동안 돌봄 노동을 수행하고 사회적 약자의 자리에 있으면서 지배보다는 공감과 소통에 익숙한 여성들이 이런 특성을 살려 성공한다면 더할 나위 없이 좋겠지만, 성공을 욕망하는 것은 성별과 상관없다. 여성이 성공을 욕망하면 이를 백안시하는 사회는 여성에게 성공을 욕망하지 말라는 메시지를 줄 뿐이다. 남성에게 허락되는 것을 여성에게 금지한다면 공정하지 않다. 여성성이든 남성성이든 자연적인 것이 아니다. 이제 고유한 인간성을 성별로 가두는 편협한 이분법을 폐기할 때가 됐다.

참고 자료

토니 포터, 『맨박스: 남자다움에 갇힌 남자들』, 김영진 옮김, 한빛비즈, 2019 | 크리스티아 스피어스 브라운, 『핑크와 블루를 넘어서』, 안진희 옮김, 창비, 2018 | 시드라 레비 스톤, 『내 안의 가부장』, 백윤영미·이정규 옮김, 사우, 2019 | 「교육자료 성차별 표현 보도자료」, 여성가족부, 2018 | 〈까칠남녀: 여자의 적은 여자?〉, EBS, 2017년 11월 27일 | 「영국도 미국도 '페미투'…'남녀임금격차 1위' 한국은?」, 《한겨레》, 2018년 4월 4일

완벽한 피해자

그녀들은 어디에나 있고 어디에도 없다

하루 14명의 여성이 성폭행을 당하고
39명의 여성이 강제 성추행을 겪으며
80명의 여성이 다양한 성폭력 피해를 경험한다.

— 대검찰청 범죄 분석, 2016

성폭력 피해자로 호명되는 순간 사람들은 이런 말을 한다.
그리고 그 말에는 숨은 뜻이 있다.

"그때 무슨 옷 입었어?"(그런 옷 입으니까 당하지.)
"여자가 술을 왜 마셨어?"(술 마신 네 잘못이야.)

"그러니까 왜 밤늦게 돌아다녀?"(일찍 집에 안 간 네 잘못이야.)

가해자가 아닌 피해자를 의심하고
피해자에게 책임을 추궁하는 '성'범죄.

"남자랑 같이 다섯 시간이나 술을 마셨네요.
본인이 술 마시러 갔고, 귀책사유가 있잖아."
— 강간 피해자에게 경찰이 한 말
  『#경찰이라니_가해자인줄 사례집』, 한국여성의전화, 2017

두려움에 망설이다 세상으로 나왔을 때
사람들은 이런 말을 한다.

농담에 웃음 지을 때
"너무 멀쩡하게 잘 사는 거 아냐?"
놀이공원에서 즐거워할 때
"진짜 성폭력 피해자 맞아?"
괜찮냐는 질문에 괜찮다고 답할 때
"피해자 코스프레 하는 거 아냐?"
— 성폭력 피해자 증언 중

야한 옷을 입어서는 안 된다.

성관계가 난잡하지 않고 정숙해야 한다.

술을 마시면 안 된다.

늦은 밤에 돌아다니면 안 된다.

사건 후 곧바로 신고해야 한다.

씻을 수 없는 상처로 평생 정신과 치료를 받아야 한다.

이 모든 조건을 갖춰야 완벽한 피해자가 될 수 있다.

성폭력의 원인은 화장, 야한 옷차림, 술이 아니라
가해자다.

그래서 성폭력을 예방하는 가장 확실한 방법은

'가해자가 되지 말라'고 가르치는 것이다.

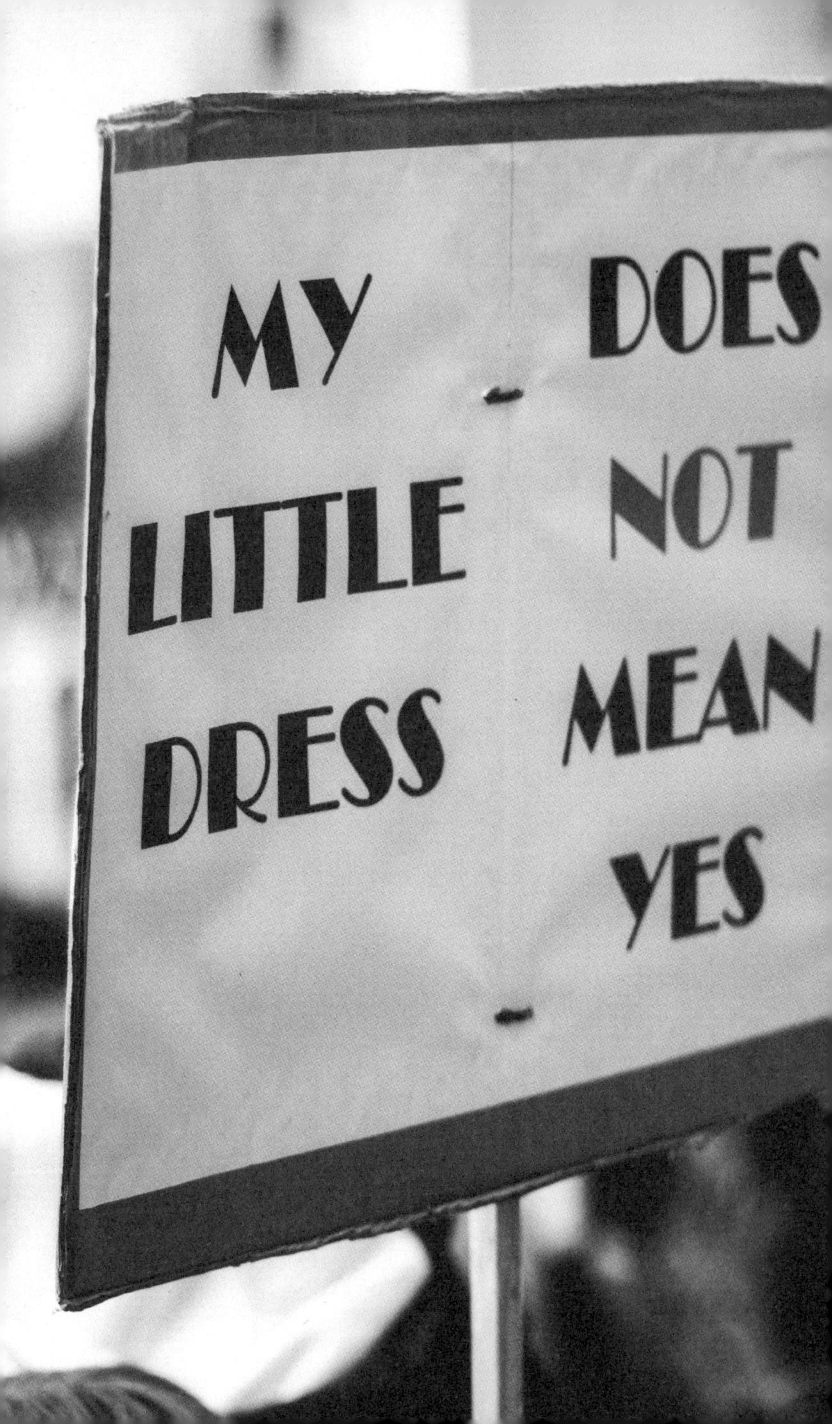
MY LITTLE DRESS
DOES NOT MEAN YES

2016년, 미국 캘리포니아 프레즈노고등법원이 한 남자에게 징역 1503년형을 선고했다. 이 법원의 역사상 가장 긴 징역형이다. 그는 도대체 무슨 죄를 지었길래 1503년이라는 죗값을 받았을까? 그의 이름은 르네 로페즈Rene Lopez, 2009년부터 2013년까지 4년간 일주일에 두세 차례 딸을 성폭행했다. 즉 10대 딸의 인생을 망친 대가를 1503년 동안 치르게 된 것이다. 인간의 수명을 뛰어넘는 징역형을 받은 범죄자는 죽어도 시신을 유족에게 넘기지 않는다. 그야말로 죽은 뒤에도 죗값을 치른다.

그럼 한국은 어떨까? 2013년에 초등학생이던 딸을 성폭행한 뒤 최근까지 수십 차례 같은 죄를 저지른 남성에게 제주지방법원이 징역 18년을 선고했고, 이를 두고 언론에서는 '중형이 선고됐다'고 보도했다. 이 남성은 재판 과정에 사형 선고를 내려 달라는 등 죄를 인정하는 듯했으나 1심 판결에 불복하고 닷새 뒤 항소를 제기했다.

미국에서는 범죄자에 대해 몇 백 년, 몇 천 년 징역형을 구형하고 실제 선고로 이어지는 사례가 종종 있다. 이런 일이 가능한 것은 영미법이 병과주의를 따르기 때문이다. 병과주의란, 여러 죄를 저지르면 각 범죄에 정해진 형량을 모두 합해 처벌하는 원칙이다. 만약 열 건의 범죄가 있다면 각 범죄의 형량을 모두 더해 최종 형량을 결정하는 것이다. 하지만 한국은 가중주의 원칙을 따른다. 여러 죄를 저질렀을 때, 가장 무거운 죄를 골라 2분의 1까지 가중해서 처벌하는 것이다. 그리고 이때 사형이나 무기징역 또는 최대 징역 50년까지만 선고할 수 있다.

우리나라는 다른 나라에 비해 성범죄에 적은 형량을 구형하는 것도 큰 문제다. 성폭행범의 평균 형량을 보면, 미국이 10년 2개월인 데 반해 우리나라는 피해자가 13세 미만인 경우 5년 2개월이고 피해자가 성인일 때는 3년 2개월에 그친다.

특히 아동 성폭력은 세계 여러 나라에서 강력하게 처벌하고 있다. 영국에서 13세 이하 아동 성폭력은 무조건 무기징역이다. 스위스도 무조건 종신형을 선고하고 평생 사회에서 격리한다. 중국은 14세 이하 어린이와 성적 관계를 맺으면 동의 여부와 상관없이 무조건 사형이다. 이란도 무조건 사형이고, 예멘은 공개처형이다. 미국은 투 스트라이크 아웃 제도를 2000년부터 도입했는데, 이는 아동 성범죄로 유죄 판결을 두 번 받으면 무조건 무기징역이 선고되는 제도다. 평균적으로 22년 실형을 산다. 캐나다는 사안에 따라 범죄자에게 화학적 거세를 한다.

그런데 우리나라에서 아동 성폭행범은 기본적으로 6~9년형을 선고받는다. 그나마 범죄자가 심신미약 같은 감경 영역에 있을 때는 5~7년으로 줄고, 가중 영역에 있을 때조차 7~11년을 선고받는 데 그친다.

어떤 범죄에 대한 양형 기준은 그 범죄에 대한 국가의 생각을 드러내는 바로미터다. 성폭력에 대한 우리나라의 양형 기준을 보면 '폭력'보다 '성'에 주목하는 인식이 드러난다. 성폭력 아닌 어떤 폭력 피해자에게 사건 당시 옷차림이나 평소 행실을 따져 묻는지 생각해 보자. 현재 여론이 성범죄를 더 무겁게 다스려야 한다는 쪽으로 기울었다는 데 이견이 없을 것이다. 건강한 상식을 반영하는 사법부의 판단을 국민들은 기다리고 있다.

섹스를 원한다면 기억할 것,
'예스 민즈 예스'

2018년 아동·청소년 대상 성범죄자가 무려 3219명이다. 하지만 이들 가운데 실형을 선고받은 사람의 비율은 35.8퍼센트밖에 안 된다. 이유가 뭘까? 최근까지 우리나라의 미성년자 의제강간 기준 연령이 13세였다. 의제강간이란, 강간과 본질은 달라도 법률적으로는 동일한 것으로 처리되는 성행위를 가리킨다. 강간과 본질이 다르다는 것은 강간죄가 폭행 또는 협박을 수단으로 한다고 규정되는데, 의제강간은 이런 수단이 없어도 강간으로 여긴다는 뜻이다. 이를 달리 표현하면, 피해 청소년이 13세 미만이라면 폭행이나 협박이 없더라도 무조건 처벌할 수 있지만, 13세 이상이라면 동의 여부를 비롯한 조건을 판단해 처벌한다는 것이다. 13세라는 연령 기준은 세계 평균보다 낮았다. 180개국의 의제강간 연령 기준을 보면, 16세가 73개국으로 가장 많고 18세가 40개국이며 14세가 24개국이다.

우리나라는 1953년에 형법을 만든 뒤로 60년 넘게 의제강간 연령 기준을 그대로 유지하다 2020년 5월 12일 'n번방 방지법'으로 불리는 여러 법률 개정안의 국무회의 의결에 따라 처음으로 바뀌 16세가 되었다. 아동·청소년 대상 성범죄 중 13세 이상을 대상으로 하는 범죄가 지난 20년 사이 여섯 배 늘었지만, 법이 이런 현실을 따라잡지 못하고 있던 것이다.

의제강간 기준 연령이 높아지면서 아동·청소년을 성범죄로부터 보호하자는 사회적 요구는 어느 정도 수용됐지만, 전체 여성의 성적 자기결정권은 충분히 존중받지 못하는 상황이다. 우리나라에서 형법을 처음 만들 때 성범죄와 관련된 제32장의 제목이 '정조에 관한 죄'였다. 정조란, 여성의 성적 순결을 뜻한다.

범죄 피해자에게 왜 짧은 치마를 입었는지, 왜 늦은 밤에 돌아다녔는지를 물으며 순결을 잃었다고 몰아붙이는 것이 바로 이 '정조' 관념에 기초한다. 1995년 개정으로 '정조에 관한 죄'가 '강간과 추행의 죄'로 바뀌었지만, 정조 관념이 반영된 강간죄의 판단 기준과 세부 규정은 달라지지 않았다. 무엇보다 현재 강간죄는 폭행이나 협박이 있어야 구성된다. 하지만 전국 성폭력상담소 66곳에 접수된 강간 상담 사례 1030건을 분석한 결과, 직접적인 폭행이나 협박 없이 발생한 피해 사례가 차지하는 비율이 71.4퍼센트(735건)나 되었다.

이에 따라 폭행이나 협박 대신 동의 여부를 중심으로 구성되는 강간죄, '비동의 강간죄'를 도입해야 한다는 주장이 나오고 있다. 비동의 강간죄 도입은 세계적인 추세로, 유엔 여성차별철폐위원회의 권고 사항이며 영국·독일·아일랜드·호주·미국(11개주) 등 여러 나라가 이미 법제화했다. 동의 없는 성관계가 폭력이라는 전제하에, 1990년대 캐나다에서 '노 민즈 노No Means No'가 원칙으로 자리 잡기 시작했다. 상대방이 거부하는 성적 행위를 해서는 안 된다는 원칙이다. 이 원칙에 따르면, 거부 의사를 표현했는데도 성적 접촉을 한 경우 처벌할 수 있다. 하지만 성관계 거부 입증 책임이 피해자에게 있고, 권력관계 탓에 거부할 수 없는 상황일 수도 있다는 점이 문제다. 이런 점을 보완하는 것이 '예스 민즈 예스Yes Means Yes', 즉 모든 당사자가 적극적으로 동의했을 때만 성관계로 인정하는 원칙이다. 여성이 싫다고 말하지 않으면 예스라고, 심지어 싫다고 말해도 예스라고 판단하는 남성들의 사고방식에 대한 경종이 아닐 수 없다. 성적 행위는 당사자들이 서로 욕구를 확인하는 의사소통에서 시작해야 한다.

참고 자료

재클린 프리드먼·제시카 발렌티 엮음, 『예스 민즈 예스』, 송예슬 옮김, 아르테, 2020 | 권김현영 외, 『양성평등에 반대한다』, 정희진 엮음, 교양인, 2017 | 「미 법원, 4년간 딸 성폭행한 남성에 징역 1503년 선고」, 《경향신문》, 2016년 10월 23일 | 「"더 강한 성폭력 방지 필요"… 美·유럽 '예스 민스 예스'로 간다」, 《동아일보》, 2018년 8월 20일 | 「의제강간 연령 13→16세로…처벌 기준만 높이면 끝인가요?」, 《여성신문》, 2020년 6월 12일 | 「수년간 친딸 성폭행…'사형 내려달라'던 아버지, 항소 제기」, 《파이낸셜뉴스》, 2020년 11월 25일

자전거 시대

바퀴를 굴리며 자유로워진다

유럽인 모두가 말이나 마차를 타던 1817년,
독일에서 카를 폰 드라이스Karl von Drais가
말 없이도 달리는 기계를 발명했다.
최초의 자전거 이름은 만든 사람 이름을 딴 드라이지네.
자전거를 둘러싼 반응은 폭발적이었다.

"말 키우는 데 돈이 너무 많이 들어요.
그런데 말 없이 달리는 기계가 있다고요?"
"드라이스 남작께서 발명하신 달리는 기계는
어디에서 살 수 있나요?"

신사라면 자전거 한 대쯤 있어야 한다는 생각이 널리 퍼지며
자전거는 우아한 신사의 패션 필수품이 되었다.

그로부터 반세기 후,
출발할 때 땅을 차지 않아도 되는 혁신적인 페달 자전거
벨로시페드가 발명되었다.
많은 사람들이 자전거를 타면서
다양한 사회 변화가 일어났다.
말 사육 산업이 몰락하고,
겉치장보다 자전거에 많은 돈을 쓰면서
의상실과 미용실은 불황을 겪었다.
술과 담배보다 갈증 해소용 콜라가 많이 팔리는 한편
자전거가 신혼부부를 위한 선물 1순위가 되었다.

자전거가 일으킨 가장 큰 변화는,
코르셋과 속치마를 벗고 바지를 입으면서
'여자다운 것'에 저항하기 시작한 여성들,
자전거를 타고 남성의 도움 없이
혼자 다닐 수 있는 자유를 쟁취한 여성들.

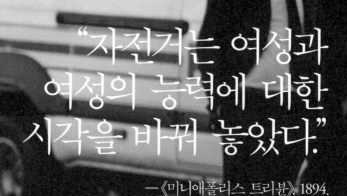

"자전거는 여성과
여성의 능력에 대한
시각을 바꿔 놓았다."

—《미니애폴리스 트리뷴》, 1894.

지난 200여 년
인류사를 바꾼
달리는 기계,
자유의 기계, 자전거.

가벼운 자전거에 담긴 무거운 진실

자전거는 지난 200년 동안 세상을 바꿨다. 특히 전 세계 여성들의 삶을 바꿨다. 하지만 자전거의 힘이 닿지 못하던 나라가 있다. 바로 사우디아라비아. 몇 년 전까지만 해도 이 나라는 이슬람 율법으로 여성이 자전거 타는 것을 금지했다. 이런 현실을 영화 한 편이 바꿨다.

2012년, 사우디아라비아 최초의 여성 감독인 하이파 알 만수르Haifaa Al Mansour의 첫 장편영화 〈와즈다〉가 개봉했다. 열 살 소녀 와즈다는 자전거를 갖고 싶지만, 여자애들은 자전거를 타면 안 되니 사 줄 수 없다는 말만 듣는다. 그래도 와즈다는 포기하지 않고, 자전거값을 직접 모으기로 마음먹는다. 영화의 마지막 장면, 우여곡절 끝에 와즈다가 갖고 싶어 하던 초록 자전거를 타고 도시를 누비면서 환한 웃음을 보인다. 이 영화가 개봉한 다음 해 4월, 이슬람 율법이 수정되어 사우디아라비아 여성도 자전거를 탈 수 있게 되었다. 단, 남성과 동행해야 한다는 조건이 붙었다. 사실 알 만수르 감독은 촬영 현장에서 자유롭게 움직이지 못하고 차 안에서 무전기로 소통했다. 여성이라서.

사우디아라비아는 이슬람 수니파 중에서도 가장 보수적 근본주의인 와하비즘이 우세한 나라다. 와하비즘은 여성을 정신적으로 결함이 있는 존재로 본다. 결함이 있기 때문에 잠재적 타락으로부터 보호해야 하고, 부정해지지 않도록 감시해야 한다고 믿는다. 그래서 제도적으로 남성 후견인(마르함)이 여성의 삶을 결정한다. 여성이 미혼일 때는 아버지·할아버지·남자 형제 등이, 결혼한 뒤에는 남편이나 아들이 후견인이 된다. 후견인 제도가 이제 꽤 완화되어 여성이 후견인의 동의 없이 여행을 하고 관공서에서 직접 서류를 뗄 수 있는 정도까지는 변했다. 하지만 학교, 병원 등에 가려면 여전히 후견인의 동의가 필요하다. 게다가 여성이 몇 살이든 후견인이 마음만 먹으면 결혼시킬 수 있기 때문에, 열 살도 안 된 여자아이가 강제로 결혼하는 일까지 벌어진다.

2002년, 화재를 피해 기숙사 건물 밖으로 나오던 여학생 열다섯 명을 종교 경찰 무타윈이 막아섰다. 여학생들의 옷차림이 부적절하다는 것이 이유였다. 당시 여학생들은 화재를 피하고 있었기 때문에, 눈과 손발을 빼고 온몸을 가리는 전통 복장 아바야를 챙겨 입을 시간이 없었다. 결국 불이 나는 건물에 이해할 수 없는 이유로 다시 들어가야 했던 여학생 열다섯 명 가운데 단 한 명도 살아 나오지 못했다.

여성을 온전한 인간으로 보지 않는 사회에서 벌어지는 참상은 끝이 없다. 가난하고 병든 몸으로 남편과 사별하고 아들도 없는 여성이라면, 혼자 집 밖에 나갈 수 없어서 병원에 가거나 도움을 청하지도 못한다. 그저 집 안에 죄수처럼 갇혀 죽음을 기다려야 하는 것이다.

여성이 자전거를 탈 수 있는가 하는 문제는 결코 가볍지 않다. 자전거조차 못 타게 하는 문화가, 어디에선가 눈에 보이지 않는 약한 여성의 목숨을 빼앗고 있을 가능성이 크기 때문이다.

여성이 투표장에 가기까지

여성이 시민으로서 인정받아야 행사할 수 있는 가장 중요한 권리가 바로 참정권이다. 투표를 하고 정치에 참여하는 것이야 말로 여성이 사회의 진정한 일원이 되는 길이다.

전 세계에서 처음으로 여성의 투표권을 인정한 나라는 뉴질랜 드다. 영국의 자치령이던 1893년 뉴질랜드에서, 2년 남짓한 기간 동안 3만여 명이 여성의 투표권을 요구하는 탄원서에 서명하는 노력을 통해 참정권을 인정받았다. 당시 뉴질랜드 백인 여성 인구의 4분의 1에 해당하는 인원이 서명한 이 탄원서는, 뉴질랜드

고문서 보관소 헌법관에 원본이 남아 있으며 세계에서 가장 많은 사람이 서명했다는 내용으로 1997년에 유네스코 세계기록유산이 되었다. 하지만 뉴질랜드에서 여성이 피선거권을 가진 것은 참정권을 인정받고 26년이나 지난 1919년부터고, 첫 여성 의원 선출은 1933년의 일이다.

1870년에 흑인 남성 노예에게 참정권을 준 미국은 여성의 참정권을 1920년에야 인정했고, 프랑스는 1848년 2월 혁명을 통해 모든 성인 남성에게 투표권을 주었으나 여성의 투표권은 그로부터 거의 100년 뒤인 1944년에야 인정했다.

영국에서는 여성 참정권 운동가들이 오랫동안 평화적으로 참정권을 요구했는데도 정부가 받아들이지 않자 참정권 운동이 시민 불복종 운동으로 발전했다. 상점의 유리를 깨고 우체통을 폭파하는 등 과격한 행위도 마다하지 않으며 투쟁을 이어 갔다. 이때 참정권 운동가를 가리키는 '서프러제트Suffragette'라는 말이 생겼는데, 참정권을 뜻하는 '서프리지Suffrage'에 여성을 나타내는 접미사 '에트ette'를 붙인 것이다. 서프러제트는 이렇게 외쳤다. "우리는 범법자가 되고 싶은 것이 아니다. 입법자가 되고 싶다." "말 대신 행동으로!" 1913년에는 런던의 경마장에서 여성운동가 에밀리 데이비슨Emily Davison이 국왕인 조지 5세가 소유한 말 앞으로 뛰어들어 죽음을 맞았다. 그녀는 여성의 참정권을 부르짖으며 감옥에서 단식투쟁에 나서기도 하고, 50여 곳의 신문사에 편지

"우리는
범법자가 되고
싶은 것이 아니다.
입법자가
되고 싶다.
말 대신 행동으로!"

THE
SUFFRAGETTE
EDITED BY CHRISTABEL PANKHURST

No. 2.   OCTOBER 25, 1912.   Price 1d.

AN

ANTI-SHOCK

BY

JAMES BARR

를 200통 가까이 보내는 등 열성적인 활동가였다. 그녀가 말 앞에 뛰어든 이유를 밝히진 않았지만, 그녀의 장례식에 그녀와 뜻을 같이하는 사람 수천 명이 모여들었다. 결국 영국 정부는 1919년에 재산 있는 30세 이상의 여성에게, 1928년에는 21세 이상 모든 여성에게 투표권을 인정했다.

가까운 나라 일본은 1946년, 스위스는 서유럽 대부분의 나라보다 한참 늦은 1971년에야 여성의 참정권을 인정했다. 스위스는 가톨릭을 비롯한 보수 세력, 무엇보다 시민이라는 자리를 독차지한 남성들의 반대가 심했다. 아펜첼이너로덴 주는 지방자치를 내세우며 1990년까지 여성의 참정권을 인정하지 않았을 정도다. 우리나라는 1948년 제정 헌법에서 남녀 모두의 참정권을 인정했다.

그렇다면 가장 가까운 시기에 여성이 참정권을 갖게 된 나라는 어디일까? 바로 사우디아라비아다. 이 나라는 놀랍게도 2015년에야 여성에게 투표권과 피선거권 등 참정권을 부여하고, 보통선거를 통해 20여 명의 여성 지방의회 의원을 탄생시켰다. 건국 83년 만의 일이며 뉴질랜드에서 여성에게 참정권을 부여하고 122년 만의 일이다.

그런데 아직도 여성이 투표할 수 없는 나라가 있다. 바로 바티칸시국이다. 교황은 투표로 선출하고, 교황을 선출하는 투표권은 전 세계의 추기경들에게만 있다. 사실상 바티칸 주민은 남성이든 여성이든 투표권이 없다. 그러나 사제 서품을 받고 추기경이 되면 교황을 선출할 수 있는 남성과 달리, 여성은 사제 서품을 받을 수 없기 때문에 투표 기회가 원천적으로 차단된다. 가톨릭교회에 성평등을 위해 노력하라는 요구가 세계 곳곳에서 쏟아지는 이유다.

참고 자료

〈서프러제트〉, 사라 가브론 감독, 2015 | 〈와즈다〉, 하이파 알 만수르 감독, 2012 | 수 로이드 로버츠, 『여자전쟁』 심수미 옮김, 클, 2019 | 「사우디아라비아, 여성의 자유로운 여행과 여권 발급 허용」,《동아일보》, 2019년 8월 21일 | 「베일에 가려진 사우디 여성 삶 표현하고 싶었다」,《여성신문》, 2014년 6월 14일

GENDER

2

만들어진 가족
만드는 가족

SPECTRUM

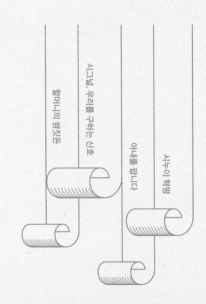

할머니의 쌈짓돈

시그널, 우리를 구하는 신호

아내를 팝니다

시누이 혹명

시누이 혁명

김씨 집안 명절 차례 전격 폐지

38년 차 맏며느리 엄마의 설은 장보기로 시작된다.

순간 근력 30킬로그램,

환갑이라는 나이를 믿을 수 없는 지구력.

그리고 시작되는 썰기, 다지기, 다듬기. 재료 준비 완료.

5년 차 직장인이자 3년 차 며느리,

새언니의 야근은 설에도 계속된다.

나물 야근, 동그랑땡 야근. 퇴근은 없다. 새언니가 말한다.

"저, 체한 것 같아요."

이제 내 차례인가? 3년 차 시누이도 전장으로 나아간다.

설거지 전투.

시누이인 내가 말을 꺼낸다.

"우리 이제 차례 그만 지내요."

오빠가 답한다.

"저는 찬성합니다."

엄마가 말한다.

"예부터 제사를 잘 지내야 조상 덕을 본다고…."

내가 답한다.

"엄마, 그 덕을 본 사람들은 지금 여행 중인 것 같아."

아빠가 대답했다.

"한번 진지하게 생각해 보자."

그동안 명절이 다가오거나 지나갈 때

누군가는 혼자 아팠으니까,

이제는 누구도 아프지 않게 김씨 집안 명절 차례 전격 폐지!

혁명 후 맞이한 설.

깜깜한 새벽, 부엌에서 부스럭거리는 소리.

엄마가 음식을 차린다.

가족이 모이는데 먹을 건 있어야 하잖니?

그런데 연휴 첫날부터 교통사고 발생.

조상님이 노하신 거 아니야?

익숙한 명절 풍경을 대신하는 허전함, 죄책감, 망상….

엄마가 말한다.

"있잖아, 딸. 이번 설에 엄마는 좀 허무했어.

시집와서 수십 년, 참 정성을 다했는데…."

미처 몰랐던 엄마의 그 마음에도 시간이 필요할 것이다.

근데 엄마, 그거 알아?

이번 설에는 우리 가족 중 누구도 아프지 않았다는 거.

전통이 아닙니다

명절 스트레스는 어제 오늘의 일이 아니다. 많은 여성들이 명절이 가까워지면 두통이나 소화불량, 수면 장애 등 '명절 증후군'을 호소한다. 이 정도 증상을 넘어 실제로 명절에 심정지 발생률도 높다. 메디플렉스 세종병원 심장내과 연구팀이 2012년부터 2016년까지 심정지 발생 환자 9만 5000여 명을 분석한 결과, 이들 가운데 2500명이 명절 연휴에 증상이 일어난 것으로 나타났다. 명절 연휴 하루당 60.2명이 심정지로 쓰러진 셈이고, 평일과 주말 등 다른 날과 비교해도 현저하게 높은 수치다. 명절 증후군이 신체적 문제만은 아니다. 대법원의 최근 3년간(2017~2019년) 전국 법원 협의이혼 월별 신청 건수를 분석한 결과, 여섯 번의 명절(설·추석) 다음 달에는 한결같이 이혼 신청이 늘었다. 명절이 이혼의 직접적인 원인일 수 있다는 뜻이다. 그리고 이렇게 된 이유는 주로 며느리에게 부과되는 과도한 명절 노동에 있다.

그런데 며느리 또는 여성의 명절 노동이 혹자가 말하는 것처럼 정말 우리의 전통일까? 한마디로 답하자면 아니다. 조선 중기까지만 해도 '윤회봉사', '분할봉사'가 흔했다. 윤회봉사란 자손들이 제사를 돌아가면서 지내는 것이다. 제사를 작년에 큰아들이 모시고, 올해에는 둘째인 딸이 모실 경우 윤회봉사다. 분할봉사란 말 그대로 제사를 나누어 지내는 것으로, 아버지 제사는 아들이 모시고 어머니 제사는 딸이 모시는 식이다. 이렇게 17세기 이전까지만 해도 돌아가신 조상을 모시는 데 융통성이 있었다. 자손들이 제사 모시는 방법에 대해 의견을 모으고 주체적으로 결정할 수 있다면, 시가의 제사를 모시는 며느리라도 지금처럼 스트레스를 받지는 않을 것이다.

그럼 이렇게 바람직한 윤회봉사, 분할봉사 풍습이 왜 사라졌을까? 제사를 이 집 저 집에서 지내지 않고 한곳에서 도맡으면, 그 집에 힘이 생기기 마련이다. 17세기 이후 조선 사회는 부계 중심으로 힘을 재편하고 싶어 했고, 바라던 대로 이루었다. 완고한 가부장제에 기초한 남존여비 사상이 팽배해졌다. 관혼상제 의식을 담은 『주자가례朱子家禮』에 따라 적장자, 즉 본처가 낳은 맏아들의 단독 봉사가 널리 받아들여졌기 때문이다. 조선 초기보다 후기로 갈수록 권력 계승의 중심에 맏아들이 자리하고 여성에 대한 규제가 강해지는데, 이를 지배 계층이 점점 약해지는 권력을 놓치지 않기 위해 가부장제 이데올로기에 집착한 결과로도 볼수 있다.

결국 명절에 여성이 시가에서 제사 모시는 노동을 당연히 수행해야 한다는 통념은 그리 오래되지 않았으며 우리 민족의 전통도 아니다. 조선 초기에는 가족 간 평등하게 재산을 분배하고, 부계와 모계를 모두 존중했으며, 족보에 남녀가 함께 기록되었다. 유교 자체가 남존여비를 당연하게 여기지도 않았다. 우리가 자랑하는 반만년 역사 중 고작 17세기부터 시작된 명절의 여성 노동을 마치 오랜 전통인 양 당연하게 요구하는 것은 시대착오적이다.

1인 가구가 늘어나고 다양한 가족 형태가 나타나는 등 가족에 대한 정의의 폭이 넓어지는 21세기의 명절에 가족이 만나는 것은, 세대 간 소통을 꾀할 수 있는 좋은 기회다. 넘쳐 나는 음식을 두고 환경부는 음식물 쓰레기를 줄이자며 대국민 홍보에 나서고, 의료계는 고지방·고칼로리에 대한 주의를 요구하는 실정이다. 상차림을 간소하게 해 소모적 노동을 줄이는 것부터 실천해 볼 일이다.

평등한 관계를 부르는 이름

결혼한 여성은 남편의 아버지를 '아버님'이라고 부른다. 결혼한 남성은 부인의 아버지를 '장인丈人어른'이라고 부른다. 익숙한 말이지만, 장인이라는 호칭은 그냥 나이 많은 남자에 대한 존칭에서 왔다. 즉 결혼한 여성과 남성이 배우자의 아버지에게 저마다 '아버님'과 '장인'이라는 단어를 쓰는 순간부터 차별이 시작된다. 여성은 남성의 아버지를 '부모'로 여겨야 하지만, 남성은 여성의 아버지를 '그냥 나이 많은 남자'로 여겨도 된다는 생각이 그 말에 스며 있기 때문이다.

언어는 세계관을 형성한다. 무엇을 어떻게 부르는가에 따라 사고방식이 달라지기 때문이다. 예를 들어, '애완견'과 '반려견'이라는 단어가 같은 대상을 가리키지만 그 대상에 대해 전혀 다른 생각을 나타낸다. 애완견이 단순히 개를 사랑하며 가까이 두고 즐기는 인간의 시각만을 반영한다면, 반려견이라는 말에는 같이 살아가는 가족으로서 개라는 존재의 의미가 담겨 있기 때문이다. 애완견 대신 반려견이라는 말이 더 많이 쓰인다면 동물에 대한 사람들의 생각이 달라지는 것이라고도 볼 수 있다. 따라서 가족 간 호칭도 단순한 단어 선택이 아니라 세계관과 위계질서에 관한 문제다.

친·인척의 호칭에 대해 문제의식을 가진 사람들이 많아지면서 2017년에 국립국어원이 10대부터 60대에 이르는 국민을 대상으로 '사회적 소통을 위한 언어 실태 조사'를 했다. 이 조사에서 호칭어·지칭어와 관련해 '개선이 필요하다'는 의견이 86.3퍼센트였다. 이 가운데 '양성평등'에 관한 내용이 34.7퍼센트인데, 남편 동생의 호칭이 대표적인 논란거리다. 조사에 참여한 응답자 중 65.8퍼센트가 남편의 남동생과 여동생을 '도련님'과 '아가씨'로 부르는 건 문제가 있다고 답했다. 도련님과 아가씨가 높임말인 것과 달리 남편이 아내의 여동생과 남동생을 부르는 '처제', '처남'에는 높임의 의미가 없다. 이런 호칭 때문에 여성은 남편의 동생을 자연스럽게 존대하게 되고, 남편은 아내의 동생에게 하대하는 것이 당연해진다.

한편 서울시여성가족재단은 2018년부터 서울 시민들의 의견을 모아 '성평등 명절사전'을 만들었다. 특히 가족이 많이 모이는 명절에 성차별적 호칭이 갈등의 씨앗이 될 수 있기 때문에 살펴볼 만한데, 친할머니와 외할머니를 구분하지 말고 '할머니'로 통일하자는 제안이 눈에 띈다. 남성 쪽 가족만 '친'을 붙여 여성 쪽 가족과 거리를 두는 것은 적절치 않다. 이 사전은 같은 이유로, 친하다는 뜻이 담긴 '친가親家'와 바깥·남이라는 뜻이 담긴 '외가外家' 대신 '아버지 본가'와 '어머니 본가'로 부를 것을 권한다. '서방님, 도련님, 아가씨' 대신 이름에 '님'이나 '씨'를 붙여 부르자는 제안도 있다. '시댁'을 '처가'에 맞춰 '시가'로 부르자는 것과 마찬가지로 남성 쪽만 지나치게 높여 부르지 말자는 뜻이 담겼다.

단어 하나 바꾸는 것으로 무슨 변화가 있을까 싶지만, 단어 하나 바꾸기조차 어려운 것이 현실이다. 익숙한 것을 바꾸는 데는 노력이 필요하기 때문이다. 최근 일부 금융권을 중심으로 전 직원이 직함 대신 별명을 호칭으로 쓰는 곳이 늘고 있다. 수평적인 조직 문화를 만들려는 노력으로 보인다. 혁신하려면 문화를 바꿔야 하고, 문화를 바꾸려면 꼭 언어를 바꿔야 하기 때문이다. 가족 내 호칭도 마찬가지다. 모두가 즐겁고 건강한 명절 문화를 만들려면, 변화가 필요하다. 호칭을 바로잡는 것이 변화의 출발점이 될 수 있다.

참고 자료

이순구, 『조선의 가족 천 개의 표정』, 너머북스, 2011 | 장병인, 『법과 풍속으로 본 조선 여성의 삶』, 휴머니스트, 2018 | 「명절만 되면 심장이 두근두근…연중 심장마비 최대」, KBS, 2020년 1월 22일 | 「명절 지나면 '이혼해!'…올해는 소 잃기 전에 외양간 고친다」, 《중앙일보》, 2020년 1월 19일 | 「코로나 시대 속 성평등 명절은?…"서방님·도련님 대신 ○○씨로 불러요"」, 《여성신문》, 2020년 9월 29일

아내를

영국에서 남편과 헤어질 수 있는 유일한 방법

18세기 영국 1퍼센트 상류층 여성 사이에서 등장한
페미니즘.
"여성은 남성과 똑같은 인간이다."
이때 99퍼센트 하류층 여성 사이에 여성의 권리를 위해
등장한 역설적 제도, '아내 판매'.

결혼한 여성은
재산을 관리하거나 자유롭게 이동하거나 남편과 동등할
권리가 없었다.
가정의 천사이자 남편의 소유물로 살던 여성은

이혼을 생각조차 할 수 없었다.

단, 예외가 있다.

남편에게 생명이 위태로울 때까지 맞은 경우,

법원에 이혼을 청원할 돈이 있는 경우에는 이혼할 수 있었다.

하지만 18세기 초부터 19세기 중반까지

남편과 이혼하는 데 성공한 여성은 여덟 명!

대다수 여성에게는 불가능하던 이혼.

이때 이상한 거래가 등장했다. 아내 판매.

18세기 영국 신문에 실린 광고.

"제 아내를 5실링에 팝니다.

체격이 건장하고 사지가 튼튼합니다."

당시 1실링이면 1.8킬로그램짜리 빵 여덟 개를 살 수 있었다.

목에 올가미를 두르고

남편의 손에 경매장으로 끌려 나온 아내는

몸무게에 따라 값이 매겨지고 2~5실링에 거래되었다.

거래는 변호사가 중개하면서 법적 효력이 생기고

유행처럼 퍼졌다.

1750년부터 1850년까지 아내 판매 기록이 300건 이상이다.

그 기록에서 이해하기 어려운 한 가지.

"아내가 직접 판매를 요구했다."

"아내가 슬퍼하거나 분노하기는커녕 즐거워했다."

스스로 팔리길 원한 아내, 남편과 헤어지길 원한 아내.

불행한 결혼 생활을 청산할 유일한 방법은

자신을 판매하는 것.

여성에게 아무 권리도 없던 18세기에 자신의 행복을 위한

최선이 아닌 차악의 선택이었다.

한국인의 평균 초혼 연령은 여성 30.2세, 남성 32.9세다. 보통 서른 살이 넘어야 결혼하는 것이다. 그럼 30대는 결혼에 대해 어떻게 생각하고 있을까?

인구보건복지협회가 2020년에 30대 미혼 남녀 1000명을 대상으로 연애, 결혼, 자녀, 행복 등에 관한 생각을 묻는 온라인 설문 조사를 했다. 이 중 '성공하거나 재정적으로 여유가 있는 사람들은 결혼과 비혼 중 ○○을 선택할 것'이라는 문항에 남성 76.8퍼센트는 '결혼'이라고 답하고 여성 67.4퍼센트는 '비혼'이라고 답했다. 즉 남성은 여유가 있다면 결혼을 선택하지만, 여성을 여유가 있다면 '비혼'을 선택한다.

경제적으로 독립한 여성이 비혼을 선택하는 데는 이유가 있다. 남성은 결혼 뒤에도 하던 일을 하면서 가사와 육아의 일부만 '도와도' 되지만 여성은 그렇지 않다. 아이를 낳으면 상황은 더 심각해진다. 일과 가정을 건강하게 양립하기란 거의 불가능하다. 거기에 '시가' 문제도 있다. 시가는 아들 부인의 지위가 아들과 동등하다고 보지 않는다. 백년손님이라는 말이 있을 정도로 사위가 처가에서 대접받는 것과 달리 며느리는 시가에서 집안일 도우미로 자리하게 되는 경우가 많다.

한 번뿐인 인생에서 사랑하는 사람과 평생 함께하는 기쁨을 누려야 한다고 생각할 수도 있겠지만, 사실 결혼에서 사랑이 핵심 요소가 된 것은 18세기에 이르러서다. 원시사회의 결혼은 부족의 경계를 넘어 협력 관계를 넓히는 데서 시작했다. 결혼은 이방인을 협력자로 만드는 데 효율적인 방법이었기 때문이다. 대가족 시대의 부부는 서로에 대한 의무보다 상대 가족에 대한 의무를 더 많이 져야 했다. 결혼을 재산과 혈통 계승 때문에 어쩔 수 없이 하는 것으로 여긴 고대 로마의 철학자 세네카Lucius Annaeus Seneca는 '아내를 정부처럼 사랑하는 것보다 더 불순한 일은 없다'고 말하기도 했다. 이제 양쪽 집안이 의존해야 살아남는 대가족 시대는 끝났다. 경제적으로 손해를 보면서까지 선택할 만큼 결혼이 여성들에게 매력적이지도 않다. 설문 결과가 이를 뒷받침한다.

결혼을 꺼리는 이유를 묻는 질문에 남성은 '현실적으로 결혼을 위한 조건을 맞추기 어려울 것이라고 생각돼서'라는 답이 51.1퍼센트로 가장 높았고, 여성은 '혼자 사는 것이 행복하기 때문에(25.3퍼센트), 가부장제·양성 불평등 등 문화 때문에(24.7퍼센트)'라고 답했다. 여성들은 가부장제와 양성 불평등이라는 불 보듯 뻔한 문제를 안고 결혼을 시작하느니 혼자 사는 편이 낫다고 계산하게 된 것이다.

출산 의향은 결혼 의향보다 더 낮다. 열 명 중 다섯 명만 긍정적으로 답했다. 자녀를 낳지 않겠다는 답이 31.7퍼센트였다. 여성은 42.2퍼센트가 출산에 부정적으로 답해, 남성의 부정적인 답 21.2퍼센트의 두 배였다. 결국 한국은 인구 감소 문제를 직면하고 있다. 통계청이 발표한 '2019년 출생·사망 통계'를 보면, 한국의 합계출산율은 0.92명으로 1970년에 관련 통계를 작성하기 시작한 뒤 가장 낮은 수준이고 OECD 국가 중 꼴찌다. 2020년에는 사망자 수가 출생아 수를 넘어 사상 처음으로 '인구 데드크로스' 현상까지 나타났다. 인구의 자연 감소가 현실이 된 것이다.

여성들이 결혼과 출산을 손해로 여기고 꺼린다면, 결혼과 출산이 이익이 되게 할 정책과 제도적·문화적 변화가 필요하다. 하지만 현실은 그렇지 못하다. 2016년 행정자치부가 저출산 문제를 극복하는 방안으로 '대한민국 출산지도' 홈페이지를 만들었는데, 여기에 지역별 '가임기 여성 수'를 표시한 지도가 있었다. 정부가 여성을 '애 낳는 도구'로 본다는 것이 적나라하게 드러났다. 근본적인 문제가 해결되지 않는 한 여성들의 결혼과 출산 거부는 사라지지 않을 것이다.

살인이 명예로울 수 있을까

파키스탄 출신인 '나시지'의 가족은 영국에 살고 있었다. 나시지는 영국의 다른 여자아이들처럼 지낼 수 없었다. 심하게 남성 중심적인 집안이라서 남동생의 말까지 따라야 했고, 토요일에 친구들과 쇼핑하는 것은 상상도 할 수 없었다. 어느 날, 한 남자아이가 집으로 전화해 나시지를 바꿔 달라고 하는 일이 일어나고 부모는 나시지에게 남자 친구가 생겼다고 확신한다.

부모가 나시지에게 사촌의 결혼식에 참석하라면서 파키스탄에 데려갔다. 하지만 나시지를 기다리고 있던 것은 사촌의 결혼식이 아니라 나시지 자신의 결혼식이었다. 나시지는 억지로 붙잡힌 채 결혼식을 치렀다. 낮에는 종일 물소 치다꺼리와 살림을 해야 했고, 밤이면 글도 읽고 쓸 줄 모르는 남편에게 강간당했다. 나시지는 아들을 낳고 1년 후 이슬라마바드로 도망쳐 숨어 살고 있다. 그녀는 겨우 지옥에서 탈출했지만, 언제 죽임을 당할지 몰라 두렵다. 그녀가 실제로 죽을 수도 있다. 이슬람권의 '명예살인'이 이를 용인하기 때문이다. 그들은 이것을 '전통'이라고 부른다.

2013년 파키스탄 카라치에서 명예살인에 따라 처형하라는 족장 회의의 결정에 항의하는 사람들.

해마다 명예살인으로
목숨을 잃는 여성이
5000여 명이다.

21세기를 사는 젊은 파키스탄 남성들이 말한다. "집안의 여자, 아내나 딸이 가장의 말을 거역하거나 도망친다면 남자의 명예는 크게 훼손됩니다. 이를 회복하기 위해서 그녀를 처벌하거나 죽여야만 합니다. 그게 우리의 전통이에요." 이것은 일부 극단적인 사람들만의 생각이 아니다. 서아시아에서 낮은 문맹률과 진보적인 사고방식을 자랑하는 요르단은 어떨까? 케임브리지대학이 요르단의 수도 암만에서 청소년 850명을 대상으로 한 설문 조사에 따르면, 남자아이 중 46퍼센트와 여자아이 중 22퍼센트가 두 가지 이상의 명예살인 상황을 받아들인다고 했다. 이런 야만적 폭력이 이어지는 이유는 법의 묵인에 있다.

요르단 여성 '라나'는 열일곱 살에 강제 결혼을 당했다. 라나는 두 아이를 낳고 가정폭력에 시달리다 양육권을 빼앗기고 이혼당한 뒤 집으로 돌아왔다. 그런데 라나가 집으로 돌아온 날 저녁, 아버지가 책상 서랍에서 총을 꺼내 라나에게 무려 스물세 발을 쏘았다. 라나는 천만다행으로 죽지 않았고 아버지를 고소했다. 하지만 라나의 아버지가 '명예살인'을 시도했다고 재판부가 본다면, 그의 형량은 징역 3개월에서 6개월 정도다. 요르단에서 계획한 살인은 통상 사형선고를 받지만, 간통을 저지르거나 도덕적으로 받아들일 수 없는 처신을 한 여자를 집안 남자들이 죽였을 때는 예외가 인정되기 때문이다.

인권 단체들이 끝없이 노력한 법 개정은 번번이 국회의 반발로 무산되었다. 법을 고치면 여성들이 제멋대로 행동하게 부추겨 국가 전체가 문란해질 것이라는 주장이 있다. 이는 여성을 인간이 아니라 소유물로 여기는 사고방식의 극단을 보여 준다. 결혼은 여성에 대한 소유권을 아버지에게서 남편으로 옮기는 법적 수단이 된다. 이 과정에 문제가 생길 때 남성들은 명예가 훼손되었다고 느끼며 여성을 죽이는 것으로 문제를 해결한다.

유엔인구기금UNFPA에 따르면, 해마다 명예살인으로 목숨을 잃는 여성이 무려 5000여 명이다. 그리고 이 살인에 따른, 질서를 거부하면 생명을 빼앗길지도 모른다는 공포가 수십억 여성의 삶을 옥죄고 있다.

참고 자료

정지민, 『우리는 서로를 구할 수 있을까』, 낮은산, 2019 | 스테파니 쿤츠, 『진화하는 결혼』, 김승욱 옮김, 작가정신, 2009 | 수 로이드 로버츠, 『여자 전쟁』, 심수미 옮김, 클, 2019 | 「'여성 비하' 행자부, 출산 지도 앱까지 만들려 했다」, 《한겨레》, 2016년 12월 30일 | 「합계출산율 역대 최저 0.92명 기록...올해부터 '인구절벽'」, 《한겨레》, 2020년 2월 26일 | 「30대 남성은 결혼, 여성은 비혼 긍정적... 비혼 여성 '혼자가 행복'」, 《여성신문》, 2020년 9월 24일 | 켈리 마리아 코르더키, 『왜 나는 너와 헤어지는가』, 손영인 옮김, 오아시스, 2019 | 「'명예살인' 가문의 영광 위해 유린되는 이슬람 딸들」, 《경향신문》, 2010년 8월 31일 | 「작년 사망자가 출생아보다 많았다...사상 첫 '인구 데드크로스'」, 《이데일리》, 2021년 2월 24일

시그널,
우리를 구하는 신호

ON AIR 20201125

늘 함께 있는 존재,
그의 눈을 피해
말하지 않아도 되고
문자나 이메일 같은
증거를 남기지 않는
살려 달라는
간절한 외침

어쩌면 무심하게 지나쳤을지도 모를

한 여성이 영상통화로 바나나빵 만드는 방법을 묻는다.

이어지는 대화는 평범하다.

하지만 이것은 평범한 대화가 아니다.

여성은 어떤 신호를 보내고 있다.

캐나다 여성재단에서 보급하는,

가정폭력에 도움을 요청하는 신호.

손바닥을 카메라로 향하게 하고 엄지를 접는다.

다른 손가락으로 엄지손가락을 감싼다.

늘 함께 있는 존재, 그의 눈을 피해 말하지 않아도 되고

문자나 이메일 같은 증거를 남기지 않는
살려 달라는 간절한 외침이다.

스페인 약국에서 마스크 19를 달라고 말하는 여성은
가정폭력 피해자다.
마스크와 약국, 우리에게 익숙하다.
무섭게 번지는 바이러스에
오직 집만이 안전한 곳이라고 생각했다.
그러나 집에 머무는 시간이 길어지면서 터져 나오는 문제.
기저질환자에게 코로나19가 더 치명적이듯
삐걱대던 관계는 이런 시기에 폭력성을 드러냈다.
외부인의 시선이 차단된 공간, 집이 누군가에겐 지옥이다.
아이는 학교라는 숨구멍, 도피처를 빼앗겼다.
달아날 곳이 없어도, 끝이 보이지 않아도
아이가 부모를 신고하기는 무척 어렵다.
두렵지만 사랑받고 싶기 때문이다.

겨드랑이와 허벅지 안쪽 등 다치기 어려운 부위의 상처,
손바닥·발바닥·엉덩이 등 멍이 잘 들지 않는 부위의 상흔,
사용된 도구의 모양이 드러난 상처,

사람이나 장소나 물건에 대한 경계와
별일 아닌데도 잘못을 비는 행동,
위생과 영양 상태 불량에 계절과 맞지 않는 옷차림.
이런 것들이 학대당하고 있다는 시그널이다.

맨발에 어른 슬리퍼를 신은 아이.
한 시민이 발견한 '시그널'은
쇠사슬과 달군 프라이팬, 얼음… 고문 같은 폭력으로부터
아홉 살 아이를 구했다.

"위기는 항상 성차별을 심화한다."

유엔여성기구 인도주의 및 재난 위험 특보인 마리아 홀츠버그 Maria Holtsberg의 말이다. 위기 상황에 사람들은 자기 안위에 더 집중하게 되고, 이는 약자를 고립시킨다. 특히 가족을 당연하게 한 단위로 생각하는 사회에서 가정은 사회적 위기가 새롭게 파생하는 온갖 노동의 최후 보루가 된다.

2020년 전염병의 팬데믹 상황에 사회적 돌봄이 모두 무너진 자리에서, 돌봄이 가족의 몫으로 돌아갔다. 가족 가운데 돌봄을 떠맡게 되는 사람은? 당연히 여성이다. 2020년 7월 31일 기준 가족 돌봄 휴가 신청자의 비율을 보면 여성이 62.1퍼센트, 남성이 37.9퍼센트다. 비경제활동 전환 인구 면에서도 여성이 남성보다 월등하게 많다. 시설이 위험에 노출되어 집으로 돌아간 장애인과 노인을 돌보는 몫 또한 여성에게 돌아간다. 이 자체가 성차별이다.

필수적인 돌봄 노동을 수행하는 직업을 가진 사람들도 대부분 여성이다. 보육교사, 간호사, 요양보호사 같은 직군이 대부분

비정규직 여성 노동자로 채워져 있다. 이런 일들은 전염병 감염의 위험이 높다. 그럼에도 여성 돌봄 노동자들은 과도한 노동량과 낮은 임금, 불안정한 고용을 감내하며 일하고 있다. 이들이 부당한 처우를 받는 것은 돌봄에 대한 잘못된 생각 때문이다. 사회가 돌봄을 여성이 모성을 통해 자연스럽게 습득한 값싼 공공재로 여기고 낮은 가치를 매긴다.

단순히 돌봄 노동에 대한 홀대를 비판하는 게 아니다. 방역 당국이 끊임없이 국민들에게 '안전한' 집에 머무르라고 호소하지만, 어떤 사람들에게 집은 결코 안전한 곳이 아니다. 프랑스에서는 코로나19 확산에 따른 이동 제한 조치 이후 가정폭력이 30퍼센트 증가된 것으로 보고되었다. 싱가포르에서도 가정폭력 상담 전화가 33퍼센트 늘었다. 아르헨티나에서도 가정폭력 상담 전화가 25퍼센트 정도 늘었다. 급기야 안토니우 구테흐스Antonio Guterres 유엔 사무총장이 성명을 발표했다. "수많은 여성이 가장 안전해야 할 집에서 위협에 노출돼 있다. 경제적·사회적 압박과 공포가 커지면서 끔찍한 가정 내 폭력이 늘어나는 것을 보고 있다." 그는 가정폭력을 코로나19 방역 관리의 일환으로 대처해야 한다고 각국에 요청했다.

2020년 4월, 영국 BBC 뉴스 진행자인 빅토리아 더비셔Victoria Derbyshire가 어떤 전화번호가 적힌 손등을 노출하면서 뉴스를 진행했다. 이날 코로나19 확산으로 가정폭력 관련 신고가 증가함에 따라 상담 전화번호를 손등에 적어 일부러 보인 것이다.

위기는 약자에게, 여성에게 더 가혹하게 작동한다. '안전한' 집이 누군가에게는 가장 위험한 곳이 될 수 있다. 가해자와 더 많은 시간을 보내야 하는 전염병 위기가 피해 여성을 사지로 몰아넣는다. 이런 상황을 빨리 바로잡지 않으면 여성은 전염병의 희생자가 되기 전에 폭력의 희생자가 될 것이다.

가장 가깝고 가장 위험한

2019년 가정폭력 실태 조사 연구에 따르면, 1년간 배우자의 신체적·성적 폭력을 경험한 여성이 5.9퍼센트고 신체적·성적·경제적·정서적 폭력을 당한 여성은 10.9퍼센트로 집계되었다. 2019년 가정폭력 신고는 24만 건이 넘는다. 하지만 이 가운데 구속된 가해 남성은 505명으로 구속률이 0.9퍼센트밖에 안 된다. 맞고 사는 여성이 왜 이렇게 많을까? 또 이들을 가해한 남성은 왜 적절하게 처벌받지 않을까?

여성학자 정희진은 인류가 '가족제도의 응원 속에서 한 인간이 아내의 위치에 있다는 이유로 그녀에 대한 일상적인 폭력을 용인하는 사회를 건설해' 왔으며 '그것을 사소한 문제, 탈정치적 문제로 치부'했다고 말한다. "가정폭력은 인류 역사상 가장 오래되고 가장 광범위하고 가장 많은 피해자가 발생하는 폭력이다." 폭력이 가부장제 속에서 강화된다. 여성은 결혼과 동시에 사회 구성원보다는 가족 구성원으로서 구실을 우선적으로 요구받는다. 이에 따라 폭력 남편들은 자신이 아내가 해야 한다고 생각한 일이 제대로 수행되지 않을 때 자신에게 교정할 권리가 있다고 믿는다. 폭력을 범죄가 아니라 역할 수행으로 받아들이는 것이다.

폭력 남편의 왜곡된 생각이 유지될 수 있는 것은 가부장제 사회가 여성에게 가해지는 폭력을 폭력으로 느끼지 못하게 하는 다양한 문화를 만들어 왔기 때문이다. 이런 폭력은 종교, 문화, 전통, 놀이에 이르기까지 다양한 방식으로 일상에 자리 잡아 폭력이라는 진실을 은폐해 왔다. 이렇게 일상화된 폭력 문화가 결국 가정이라는 울타리를 넘어 연인 관계에 있는 여성의 신체와 정신까지 위협하고 있다.

일부 여성들은 '데이트 폭력'이라는 이름에 반대한다. 데이트라는 서정적인 단어를 폭력에 붙이면 안 되고, 이런 폭력으로 죽음에 이른 여성들이 있으니 '교제 살인'으로 불러야 한다고 주장하는 것이다. 2016년 교제 살인 피해 여성이 38명이었다. 2017년

가정폭력은
인류 역사상 가장
오래되고 가장
광범위하고 가장 많은
피해자가 발생하는
폭력이다.
폭력이 가부장제
속에서 강화된다.
여성은 결혼과 동시에
사회 구성원보다는
가족 구성원으로서
구실을 우선적으로
요구받는다.

에는 32명, 2018년에는 38명이 사귀던 남성의 손에 목숨을 잃었다. 열흘에 한 명꼴로 죽음에 이른 것이다.

2017년 4월의 일이다. 한 남성이 연인인 여성의 배를 여러 차례 때리고 발로 걷어찼다. 결국 이날 새벽, 피해자는 복강 내 과다출혈로 사망했다. 가해자는 그 전에도 상해와 폭행으로 여러 번 입건되어 수사받았다. 하지만 그가 받은 형량은 겨우 징역 4년. 연인을 죽인 가해자 98명의 평균 형량이 14.9년. 하지만 죽도록 때렸어도 살인할 의사가 없다고 판단되면 평균 5.4년이라는 형량을 받는다.

교제 살인 피해자들 중 일부는 가해자를 경찰에 신고한 뒤 48시간 안에 사망했다. 경찰 신고 후 3개월 안에 살해당한 피해자는 무려 11.1퍼센트나 된다. 신고로 죽음을 막지 못한 것이다. 법적인 부부 사이에 일어난 폭력인 경우 그나마 접근 금지 명령 같은 임시 조치를 하고 이를 어기면 유치장에 송치할 수 있지만, 연인 사이에 일어난 폭력에는 방법이 없다. 연인 관계의 특성상 가해 남성이 피해 여성의 정보를 모두 알기 때문에 폭력이 되풀이되고 극단적인 경우 피해 여성이 죽임을 당한다. 즉 처벌하는 법이 없으면 이 문제를 구조적으로 해결할 수가 없다. 1999년 처음 발의된 스토킹 처벌법은, 무려 22년 만인 2021년 3월에야 국회를 통과했으며 9월 시행을 앞두고 있다.

친밀한 관계에서 일어난 폭력은 피해자의 인격과 생명을 갈가리 찢어 놓는다. 이는 여성을 남성의 소유물로 인식하는 뿌리 깊은 문화의 산물이다. 내 아내니까, 내 애인이니까 내 마음대로 폭력을 휘둘러도 된다는 생각을 사회적으로 용인하는 동안 수많은 여성들이 싸늘하게 죽어 가고 있다.

참고 자료

정희진, 『아주 친밀한 폭력』, 교양인, 2016 | 「코로나19로 가정폭력이 줄었다고?」, 《시사인》, 2020년 4월 20일 | 「'헤어지자' 했다가 당했다 … 목숨 거는 '이별' 작년만 229명」, 《중앙일보》, 2020년 11월 10일 | 「BBC 뉴스 앵커 손등에 전화번호가?…'가정폭력 신고하세요'」, 《동아일보》, 2020년 4월 7일 | 「교제살인 판결문 108건 분석」, 《오마이뉴스》, 2020년 11월 | 「2019년 가정폭력실태조사 연구」, 한국여성정책연구원, 2020

할머니의 쌈짓돈

"위로금 받으려고
이때까지 싸웠나?
1000억을 줘도 우리는
받을 수가 없다."

"차별에 굴하지 말고
씩씩하게 지내라."

영화 〈김복동〉(뉴스타파 제작, 송원근 감독) 중

복 있는 아이의 바람

스물세 살 때 의령이 고향인 남자를 만나

새벽마다 찬물로 목욕하고 절에 가 불공을 드리셨대요.

"자식 하나만 달라고 빌었어."

열여섯 살 때 군복 만드는 공장에 일하러 갔는데,

군인 받는 공장인 걸 가서야 아셨대요.

보름에 한 번꼴로 맞은 주사가

불임 주사였다는 것도 몰랐지요.

"스무 살이 되기도 전에 아기 가질 수 없는 몸이 된 줄 모르고

내 소원은 자식 하나 낳는 거였지."

2015년 2월 18일 설 연휴 1166번째 수요집회.

곱게 한복을 입고 세배하는 학생들에게
"아이고, 예뻐." 하시더니
꼬깃꼬깃 접어서 넣어 두었던 쌈짓돈을 꺼내 쥐여 주셨죠.

1992년에 일본군 위안부 피해 사실을 고발한 이후
전 세계를 돌며 증언하셨어요.
정부에서 주는 생활 보조금을 아껴 모은 쌈짓돈으로
2012년에 전쟁 성폭력 피해자를 돕는 나비기금을 만들고
전쟁과 분쟁 지역의 어린이를 위한 장학금도 기부하셨죠.
"우리 아이들은 나와 같은 세상에서 살지 않으면 좋겠어."

2018년 9월 장대비 속
휠체어에 몸을 싣고 나선 할머니가 말했어요.
"위로금 받으려고 이때까지 싸웠나?
1000억을 줘도 우리는 받을 수가 없다."
말기 대장암 수술을 받고 투병 중에
전 재산을 재일 조선인 학생들에게 남기셨어요.
"차별에 굴하지 말고 씩씩하게 지내라."

김복동 할머니, 훨훨
날아서 고통 없는
하늘나라로 가세요.
그곳에서 바라던
화목한 가정
꾸리시고
내 배 아파 낳은
자식도 꼭 안으세요.

— 추모사 중

영화 〈김복동〉(뉴스타파 제작, 송원근 감독) 중

피해자를 넘어 평화·인권운동가로

　일본군 '위안부' 피해자 김복동金福童 할머니(1926~2019). 16세에
군복 만드는 공장인 줄 알고 간 곳이 위안소였다. 참혹한 일을 겪
고 한국에 돌아왔을 때 나이는 23세. 해방 후 고향인 부산 다대
포에서 장사를 하며 막냇동생에 조카까지 공부를 시켰다. 가족
들의 만류에도 당신의 피해 사실을 세상에 알리기로 마음먹었을
때가 1992년, 할머니는 칠순을 바라보는 나이였다.

　할머니의 증언으로 세계 각국의 전쟁 범죄 피해 여성들이 용
기를 내 피해 사실을 말했다. 숨겨진 일들이 드러나고 국제사회
의 중요한 문제가 되었다. 주한 일본대사관 앞에서 일본 정부의
사과를 촉구하는 수요시위도 시작되었다. 피해자를 비롯한 많은
시민들이 함께 모여 반성을 촉구했지만 일본은 미동도 없었다.
1995년, 일본 정부가 민간 모금 형식으로 아시아평화국민기금을
만들었다. 정부 차원의 사과와 배상을 피한 것이다. 한국의 피해
자들은 이 위로금을 거부했다. 책임을 회피하고 돈으로 문제를
해결하려고 한 일본 정부의 태도에 큰 상처를 받았다. 김복동 할
머니는 1998년에 모든 활동을 접고 다대포로 돌아갔다. 그러다

2010년에 부산 생활을 정리하고 서울로 향하셨다. 할머니의 나이 여든다섯. 살아서 끝내 일본 정부의 사과를 받아 내리라 결심하신 것이다. 2012년에 출범한 아베 내각의 중요한 목표는 일본의 전쟁범죄 이미지를 없애는 것이었다. 이를 위해 침략의 과거를 지우고 위안부에 관한 역사적 평가를 왜곡하려고 했다. 오사카 시장이 '국가 의지에 의한 납치는 없었다'는 망언을 하자 김복동 할머니가 직접 일본으로 갔다. "증거가 여기 있는데, 시장이 뭘 안다고 증거가 없다고 하나!" 오사카 시장에게 외친 할머니는 일본 도시를 돌며 피해 사실을 증언했다. 일본 정부는 전쟁을 부정하고 젊은 세대는 전쟁을 몰랐다.

2011년 12월 14일, 1000번째 수요시위가 있던 날. 김운성, 김서경 부부 작가가 만든 평화의 소녀상이 일본대사관 앞에 세워졌다. 치마저고리를 입고 단발머리를 한 소녀가 의자에 앉아 일본대사관을 바라본다. 이 소녀상은 전국은 물론이고 전 세계로 확산되며 일본군 '위안부' 문제를 알리는 중요한 상징이 되었다.

김복동 할머니는 어느새 피해자가 아닌 평화·인권운동가의 길을 걷고 있었다. 소녀상을 세운 첫 이국땅인 미국에 방문하고, 독일·영국·노르웨이를 돌며 평화의 메시지를 전했다. 일본 정부가 국제 여론을 두려워하기 때문에 전 세계에 일본군 '위안부' 문제를 알리는 것이 무척 중요하다고 판단했다.

2015년, 김복동 할머니의 유럽 순회 3개월 뒤 갑작스럽게 한

일 합의가 발표되었다. 일본 정부가 10억 엔을 내는 대신 한국 정부가 대사관 앞 소녀상 문제를 해결하고 국제사회에서 비판과 비난을 하지 않기로 약속했다. 일본은 이를 최종적이고 돌이킬 수 없는 합의라고 주장했다. 범죄 인정, 공식 사죄, 법적 배상, 역사 교육 가운데 어느 것도 명시되지 않은 굴욕적 합의였다. 아베 총리는 끝내 공식적으로 사과하지 않았으나, 박근혜 정부는 일본으로부터 받은 돈 10억 엔으로 화해치유재단을 설립했다.

한국 정부가 일본과 약속한 대로 소녀상을 철거하고 피해자들이 합의금을 받도록 설득했다. 할머니는 다시 아픈 몸을 이끌고 거리로 나가 싸울 수밖에 없었다. 결국 할머니는 진정한 사과 한마디를 받지 못한 채 세상을 떠나셨다. 할머니가 못다 한 일은 다음 세대의 몫으로 남았다.

전쟁, 가부장제 폭력의 집약판

갖가지 명분을 내세워도 결국 힘 있는 자가 자신의 이익을 위해 일으키는 전쟁의 피해자는 언제나 약자다. 그리고 똑같이 약자라고 해도 남성은 무공에 대해 칭송받거나 죽음에 대해 존경받지만 여성은 사정이 다르다. 공적도 피해도 기록되지 않으며 심지어 왜곡되거나 부정되기 일쑤다.

얼핏 보기에 전쟁이 남성들만의 일 같지만, 전장에 나간 남성의 자리를 항상 메운 여성은 전쟁의 도구로 쓰였다. 적의 전의를 떨어트리려고 적의 가족과 문화를 짓밟는 것은 전쟁에서 적극적으로 활용되는 방법이며 이런 유린의 대상은 여성일 때가 많다. 아직 끝나지 않은 아프리카 내전에서도 침략군은 언제나 강간과 성고문을 저질렀다. 교사였던 콩고 여성 마리는 후투족에게 끌려가 민병대 지도자의 성노예로 살아야 했다. 가까스로 도망쳐 집으로 돌아갔지만 남편은 그녀와 아이들을 쫓아냈다. 또 다른 콩고 여성 나비토는 전쟁 중 여덟 남자에게 성폭행을 당했다. 게다가 그들 중 한 명이 나비토의 아들에게 엄마를 강간하라고 명령하고, 아들이 거부하자 총을 쏴 죽였다.

가부장제는 지배자 대 피지배자, 남성 대 여성, 승자 대 패자 같은 이원론을 기반으로 하며 이런 이원론이 전쟁에서 분명히 드러난다. 전쟁은 침략자와 희생자가 필요한 경쟁적 게임이다. 아무도 지고 싶지는 않겠지만, 누군가는 승자가 되고 다른 누군가는 패자가 될 때까지 끝나지 않는다. 그리고 이렇게 가부장제의 폭력성이 집약된 전쟁에서 명분을 위해 적을 '악'으로 규정하고 우리 편을 '선'이라고 하며 폭력이 정상화·합법화되고, 약자인 여성은 그 폭력의 대상이 되기 일쑤다.

2차세계대전이 마지막으로 치닫던 1945년 봄, 소련군이 베를린을 함락했을 때 많은 이들이 전쟁의 끝을 기다렸을 것이다. 그러나 베를린 여성들에게 닥친 현실은 달랐다. 1945년 4월 20일부터 6월 22일까지 한 익명의 베를린 여성이 자신이 경험한 일을 기록했다. 기록을 시작하고 7일 후인 4월 27일, 그녀가 지하실 통로에서 러시아군 병사 두 명에게 처음 강간을 당한다. 이것은 그 뒤 숱하게 겪고 보고 듣게 될 참상의 시작일 뿐이었다. 그녀의 기록은 나중에 『함락된 도시의 여자: 1945년 봄의 기록Eine Frau in Berlin』이라는 책으로 세상에 나온다. 당시 베를린에 남아 있던 민간인은 약 270만 명이고, 그중 200만 명이 여성이었다. 그리고 무려 11만 명의 여성이 강간을 당했다. '베를린 집단 강간 사건'은 주목받지 못했다. 사실 베를린에서 독일 전체로 범위를 확대하면 강간 피해자 수가 200만 명으로 추정되지만, 2차세계대전을 일으키고 유대인을 학살한 독일의 피해를 드러내는 것은 금기로 여겨졌기 때문이다. 인류 최대의 악행을 끝내기 위해 싸운 병사들이 여성에게 저지른 악행은 결국 그대로 묻혔다. 강간은 사람을 위협하고 복종시키는 가장 극단적인 폭력이다. 침략국이 피지배국 사람들을 대하는 방식은, 여성에게 성폭행을 저지르는 남성을 떠올리게 한다. 지배받는 사람이나 여성은 인격체로 대우받지 못하고 철저히 대상화된다.

가부장제하에서 남성의 소유물인 동시에 국가라는 남성 권력의 소유물인 여성은 사실 전쟁 바깥에서도 군사주의와 언제나 연결되어 있다. 한국 사회에서 젊은 남성이 군대에 가면 그 애인은 성 역할을 강하게 요구받는다. 이는 두 사람의 사적 관계를 넘어선 일이다. 여성이 성 역할을 수행함으로써 남성의 탈영 같은 일탈을 방지하며 이것이 간접적으로 나라를 지키는 일이 된다. 즉 전쟁터에서나 전쟁터 바깥에서나 여성의 몸은 대리 전쟁터가 되거나 승리를 위한 사기 진작의 도구가 된다.

일상의 가부장제가 이렇게 전쟁으로 연결된다는 것을 뼈저리게 깨달은 전쟁 피해 여성들과 이들이 말하는 삶의 진실에 공감하는 사람들이 평화를 말하면 뜬구름 잡는 소리라는 비웃음을 받는다. 단번에 전쟁을 없앨 수 있다고 보는 사람은 없을 것이다. 폭력 없는 세상이 정당하다면, 그것을 향해 가는 과정에 최선을 다해 보자.

참고 자료

〈김복동〉, 송원근 감독, 2019 | 정희진, 『페미니즘의 도전』, 교양인, 2013 | 베티 리어든, 『성차별주의는 전쟁을 불러온다』, 정희진 기획, 황미요조 옮김, 나무연필, 2020 | 자이납 살비, 『우리가 희망입니다』, 권인숙·김강 옮김, 검둥소, 2009 | 스베틀라나 알렉시예비치, 『전쟁은 여자의 얼굴을 하지 않았다』, 박은정 옮김, 문학동네, 2015 | 익명의 여성, 『함락된 도시의 여자: 1945년 봄의 기록』 염정용 옮김, 마티, 2018

GENDER

3

보이지 않는
노동

SPECTRUM

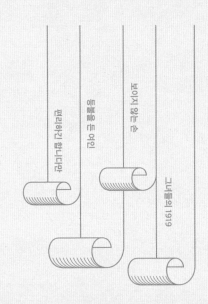

편리함이 할니다만

들불을 든 요인

보이지 않는 손

그녀들의 1919

그녀들의 1919

우리는 기생이기 전에 조선의 딸이다

가장 천대받던 신분인 기생,

나라를 잃자 차별에 망국의 설움까지 겹쳤다.

3·1운동이 들불처럼 번지던 1919년 3월 29일 수원,

성병 검사를 받기 위해 병원으로 가던 기생 30여 명이

난데없이 검사를 거부하고

손수 만든 태극기를 치마폭에서 꺼내 들고는

경찰서 앞에서 목이 터져라 만세를 불렀다.

일본 경찰은 이들을 총칼로 위협했고,

시위를 주도한 기생 김향화金香花는 보안법 위반으로

수감되었다.

한편 1919년 경성에서 명월관 최고의 기생이 사라졌다.

가야금·한시·춤·소리에 대적할 기생이 없고

근대식 승마까지 배워 신문 지면을 장식하던 현계옥玄桂玉이

직접 독립운동에 뛰어들기 위해 중국으로 간 것이다.

그녀가 목숨을 맞바꿀 각오로 가입한 비밀 조직은 의열단,

1919년 11월 만주에서 조직된 항일 무력 독립운동 단체.

일본 고관, 친일파, 밀정을 암살하고

조선총독부를 비롯한 주요 기관을 폭파해야 했다.

공작 활동을 위해 외국어를 익히고,

폭탄을 제조하고, 저격 훈련을 했다.

그녀는 신출귀몰한 변장술로 일본 경찰과 밀정을 따돌리고

톈진에서 상하이까지 폭탄을 운반했다.

모두가 만세를 외치던 그해 그녀들도 예외가 아니었다.

그녀들이 기생이기 전에 조선의 딸이었기 때문이다.

김향화(1897~?)

수원기생만세운동의 주동자로 옥고를 치른 뒤

고문 후유증으로 숨진 것으로 추정.

현계옥(1897~?)

중국으로 건너간 뒤 의열단의 첫 여성 단원이 되었다.

原籍京城府
現住京畿道水原郡水原面南水里二〇二
【金 김 杏 향 花 화】(二十二才)

技藝
劍舞、僧舞、各呈才舞、歌詞、詩調、
京城雜歌、西關俚謠、楊琴

百計留春호딕春不留人호고萬金
惜花호딕花不惜人호야把我綠鬢
紅袖호야一直蹉跎了兩十光陰이
로다誰道歌曲이能解愁오歌曲是
一生的業冤이로다

본딕경성성장으로、화류간의몸
이되야、삼오청춘지낫구나、가자
가자구경가자、슈원산천구경가
자、슈원이라흔눈곳도、풍류괴판
설림호야、기성죠합일홈죠흔、네、일
로부터김형화도、그곳꼿이되얏
세라、검무승무정저춤과、가사우
죠경성잡가、서판소리양금치기、
막힐것이바이업고、긔름흔듯그
얼골에、축은세가운치잇고、락성
인듯그목청은、이원셩이구슗호
며、닙시동々츙등키요、승질순화
귀엽더라

『조선미인보감朝鮮美人寶鑑』에 수원예기조합 기생 32명과 소개된 김향화. 2009년에 독립유공자로 인정받았다.

다 같은 사람이다

1919년 3월 1일, 고종황제 장례 절차의 막바지에 절이라도 올리려는 마음으로 월선과 월희를 비롯한 황해도 해주 기생 몇몇이 경성에 있었다. 계획도 없이 무작정 떠난 길이었다. 오후 2시, 탑골공원 앞을 지나던 월희가 사람들의 외침을 듣는다.

"대한 독립 만세!"

어느새 월희도 그 함성의 한가운데 서 있었다. 해주에서 온 다른 기생들도 시위대와 함께했다. 전국적인 기생 봉기의 계기가 된 해주 기생 만세 운동의 시작이다.

1919년 3월 19일에는 진주기생조합 소속 기생들이 만세를 불렀다. 한금화를 중심으로 기생 50여 명이 촉석루를 향해 만세 행진을 한 것이다. 일제는 경찰과 헌병대를 동원해 이를 진압했고, 한금화를 비롯한 기생 대여섯 명이 끌려갔다. 한금화는 경찰에게 온갖 수모를 당하면서도 무릎에 하얀 명주를 펼쳐 놓고 혈서를 썼다.

"기쁘다. 삼천리강산에 다시 무궁화 피누나."

1919년 3월 29일 오전 11시 30분, 수원 화성행궁 봉수당에 자리 잡은 자혜의원 뜰 앞에 기생 30여 명이 모였다. 이날은 수원 기생들이 성병 유무를 확인하는 정기 위생 검진을 받는 날이었다. 주권을 빼앗은 일제가 성매매 여성들에게 강압적으로 실시한 위생 검진은 마당에 대충 설치한 가림막 속에서 아랫도리를 벗고 하는 것으로, 그 자체가 비인간적이었다.

수원기생조합 소속 기생 김향화가 동료들을 설득해 위생 검진일에 만세를 부르기로 했다. 자혜의원에 들어선 기생들이 치마폭에 숨겨 간 태극기를 펼치며 만세를 불렀다. 깜짝 놀란 의원 직원들이 기생들을 쫓아냈다. 당시 의원 바로 앞에는 경찰서와 군청 같은 식민 통치 기구가 모여 있었다. 김향화가 시위대를 이끌고 거리에서 만세를 불렀으며 경찰은 이들을 무자비하게 짓밟았다. 수원 시민 수백 명이 이들을 석방하라고 외쳤다. 다음 날인 수원 장날, 만세의 기운은 이어져 인근 지역까지 번졌다. 4월에는 통영에서도 정홍도, 이국희를 비롯한 기생들이 비녀와 반지를 팔아 만든 소복을 입고 만세 시위를 했다.

한편 경성에서 만세 운동을 겪고 해주로 돌아간 월선은 같은 처지의 기생인 월희, 옥채주, 문형희 등과 만세 운동을 결의했다. 탑골공원에서 본 것처럼 독립선언문이 있으면 좋겠다고 생각했지만 구할 방법이 없던 이들은 한글로 직접 선언문을 만들어 5000장을 인쇄했다. 그리고 4월 1일, 하얀 옥양목 치마저고리를 입고 거리로 나가 시민들에게 직접 지은 선언문을 나눠 주었다.

뒤늦게 소식을 들은 기생 조합 회원들과 견습생 그리고 수많은 시민들까지 거리로 몰려나왔고 해주 시내에 만세의 외침이 퍼졌다. 기마 헌병들이 총칼로 진압에 나섰고, 시위를 주동한 기생들은 결국 피투성이가 되어 끌려갔다. 고문 기술자로 악명 높은 종로경찰서 고등계 형사가 해주까지 가 기생들을 매일 끔찍하게 고문했다. 미천한 기생들이 독립운동에 나섰다는 것을 믿을 수 없다며 배후를 대라고 끊임없이 요구했다. 하지만 그녀들에게는 배후가 없었다.

우리는 여성 독립운동가라면 유관순만을 기억한다. 그런데 기생이라는 이유로 사람대접을 못 받으면서도 나라를 지키는 일에 기꺼이 목숨을 바친 여성들이 있다. 월희, 월선, 해중월, 문형희, 옥채주, 정홍도, 이국희, 한금화, 김향화 그리고 이름을 남기지 못한 수많은 기생. 우리가 기억해야 할 위대한 여성 독립운동가다.

정칠성, 기억해야 할 이름

1919년 3월 1일, 민족 대표 33인이 서울 요리점 태화관에 모여

독립선언서를 낭독하고 자주독립을 선언했다. 이때 이곳에서 일하던 기생 몇몇이 함께했는데, 그중 정칠성丁七星이 있었다. 1897년 대구에서 태어난 정칠성은 어려운 가정 형편 때문이었는지, 일곱 살에 기생 학교에 들어가 스물세 살까지 기생으로서 살았다. 그런데 3월 1일 독립선언의 현장에 있던 것이 그녀의 삶을 바꿨다. '기름에 젖은 머리를 탁' 베어 던지며 기생의 삶을 버리고 항일운동가의 삶을 선택한 것이다.

1920년부터 정칠성은 당대 대표적인 신여성 김일엽金一葉, 나혜석羅蕙錫, 김명순金明淳 등과 잡지《신여자》의 필진으로 활동하며 '사상 기생'이라는 별명을 얻었다. 1922년에 일본으로 건너가 영어를 배우며 미국 유학을 도모하다 좌절하기도 했지만 신문명을 체험한 덕에 귀국 후 활발하게 활동했다. 1923년 10월 '대구여자청년회' 창립, 1924년 5월 우리나라 최초의 전국적 여성운동 단체 '조선여성동우회' 창립에 이어 1925년에는 다시 일본으로 건너가 재일 여성 사회주의 단체 '삼월회'를 조직했고, 1927년에는 좌우합작 민족운동을 표방한 '신간회'와 그 자매단체인 '근우회'의 결성에 참여했다.

항일운동과 사회주의에 기초한 여성해방운동을 해 나가던 그녀는 진정한 신여성을 '모든 불합리한 환경을 거부하는 강렬한 계급의식을 가진 무산 여성'이라고 정의하며 계급 해방을 통해 여성을 해방해야 한다고 믿었다. 당시 '여성의 자유'를 말하는 신

여성보다 더 급진적으로 '여성의 해방'을 주장했으며 경제적으로도 완전히 자유로운 여성을 지향했다. 《조선지광》 1931년 1월 호를 통해 '남자는 제 맘대로 성적 방종을 하면서도 여자에게는 편무적으로 정조를 강제'하는 문제를 꼬집은 데서 그녀의 평등관이 보인다. 해방 후 좌익 탄압을 피해 남로당계 인사들과 함께 간 북에서 1958년 대숙청 때 사망한 것으로 알려졌는데, 월북했다는 것 때문에 오랫동안 잊혔던 정칠성을 다시 기억하는 것은 우리 역사를 온전히 하는 일과 통한다.

나라가 어려움에 빠졌을 때 발 벗고 나선 여성은 헤아릴 수 없이 많다. 제대로 조명받지 못했을 뿐이다. 1940년 9월 17일에 찍은 한국광복군 성립 전례식 사진에서는 여성 광복군 네 명의 모습을 찾을 수 있다. 오광심吳光心, 조순옥趙順玉, 김정숙金貞淑, 지복영池復榮이다. 광복군은 남성의 전유물이 아니었다. 1941년 6월 17일 한국혁명여성동맹의 창립은 방순희方順熙, 정정산鄭正山, 오건해吳健海 등 스물다섯 명의 여성이 주도했다. 이들은 일본 제국주의에 맞선 투쟁이라는 목적과 여성이 분명한 주체가 되어야 한다는 것을 명시했다.

남성 독립운동가 1만 5454명을 서훈하는 동안 여성 독립운동가는 고작 477명이 서훈 대상이었다.(2020년 3월 1일 기준) 여성 독립운동가를 단순한 조력자 정도로 생각한 탓이다. 여성 독립운동가들이 남성을 그저 돕기만 한 게 아니라 주체적으로 싸웠다.

사실 독립운동을 뒷바라지한 여성들도 독립운동가라고 할 수 있다. 이들의 재생산노동이 없이는 독립운동이 불가능하기 때문이다. 아무리 거창하고 훌륭한 일도 사람이 하는 이상 재생산노동이 꼭 필요하다. 하지만 남성 못지않게 왕성한 활동을 펼친 여성조차 널리 알려지지 않은 것이 현실이다. 특히 역사 교과서에 소개된 여성 독립운동가는 고작 열한 명. 이 가운데 임시정부에서 활약한 여성은 한국 최초의 여성 비행사 권기옥權基玉과 여성 의병장 윤희순尹熙順, 독립의 당위성을 방송으로 알린 최선화崔善嬅 등 세 명뿐이다. 일제의 집요한 추적 속에서도 임시정부가 27년을 버티는 데는 여성 독립운동가들의 노력이 결정적으로 작용했다. 역사적 사실을 왜곡 없이 전하려는 노력이 필요하다.

참고 자료

정운현, 『조선의 딸, 총을 들다』, 인문서원, 2016 | 신영란, 『지워지고 잊혀진 여성독립군열전』, 초록비책공방, 2019 | 「여성독립운동가 조명했지만…문재인 정부, 아직 할 일 더 남아」, 《오마이뉴스》, 2020년 8월 10일 | 「임시정부의 숨은 영웅, 여성 독립운동가들」, YTN, 2019년 4월 11일 | 「광복군은 남자의 전유물이 아니다…78년 전 당찬 선언」, 《오마이뉴스》, 2019년 12월 13일

보이지 않는 손

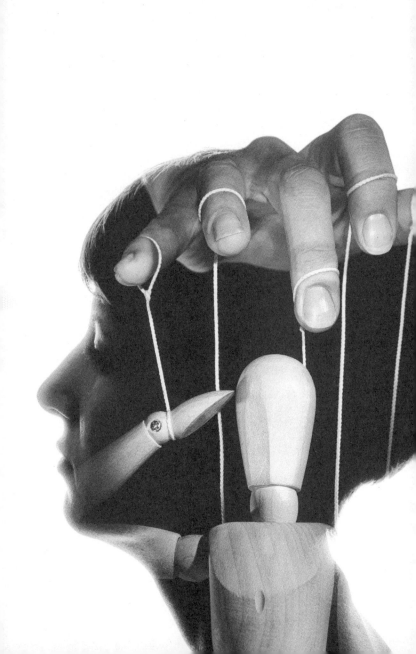

보이지 않는 성性

마거릿 더글러스Margaret Douglas, 26세에 결혼하고 2년 뒤
과부가 되어 혼자 아들을 키웠다.
세계적 경제학자가 된 아들, 애덤 스미스Adam Smith는
평생 결혼하지 않았다.

"그의 어머니는 평생 아들을 돌봤지만
그는 저녁 식사가 어떻게 식탁에 오르는지를 논할 때
어머니를 생각하지 않았다."

— 카트리네 마르샬 Katrine Marcal, 스웨덴 저널리스트

가족을 위한 식사 준비·자녀 양육·청소·빨래·
다림질·설거지 등 끝없는 가사노동,
한 나라의 경제활동을 측정하는 국내총생산GDP에는
포함하지 않는다. 왜일까?
"가사노동은 사고팔거나 교환할 수 있는 재화를
생산하지 않는다."
눈에 보이지 않고 돈으로 환산할 수 없기 때문에
경제활동에 해당하지 않는 가사노동.
그래서 주류 경제학에서 여성은
비생산적인 존재로 평가되었다.

1776년에 출판된 고전 경제학을 대표하는 책
『국부론The Wealth of Nations』에서 스미스가 말한다.
"우리가 저녁을 먹을 수 있는 것은
푸줏간 주인이나 양조장 주인, 빵집 주인의
자비심 덕분이 아니라 이익을 추구하려는
그들의 욕구 때문이다."
소비자의 수요와 생산자의 공급으로 움직이는 시장에서
모두 자유롭게 이익을 추구하다 보면
보이지 않는 손이 있어서

합리적인 교환과 분배가 일어난다는 주장이다.

그러나 그가 보지 못한 것이 있다.

푸줏간 주인, 빵집 주인, 양조장 주인이 일하러 간 동안

아이를 돌보고 빨래하고 청소하고 식사를 차린

보이지 않는 손.

"우리가 거의 이야기 하지 않는 경제,

(스미스의) 보이지 않는 손이 닿지 않는 곳에

보이지 않는 성이 있다."

— 카트리네 마르살

인류 최초의 신

선사시대를 통과한 인류에게 등장한 최초의 신은 여신이다. 기원전 2300년 수메르에서 지어진 역사상 최초의 시는 '이난나'라는 여신을 찬미하며 시작한다. 인류 문명과 함께 등장한 위대한 여신의 존재는 일부 지역에서 나타난 지엽적인 일이 아니었다. '대모신大母神'으로 통칭하는 여신의 존재는 문명의 필수적인 요소였다. 러시아 남부의 대초원 지대부터 지중해, 인더스강 유역, 중국과 아시아, 아프리카와 오스트레일리아에 이르기까지 여신 숭배는 보편적으로 일어난 현상이다. 짧으면 2만 5000년 길면 4, 5만 년 동안 이어진 이런 시기에 여성은 신비하고 특별한 존재로 여겨졌다.

여성들이 누린 신성한 지위는 달의 주기와 관련한 월경, 자연과 교감하는 채집의 결과물, 출산의 기적에서 비롯했다. 인류가 생식과 출산을 합리적으로 이해할 수 있을 때까지 아이는 그저 여성에게서 태어났을 뿐 섹스와는 전혀 상관없었다. 남성도 세대를 이어 가는 데 상관없는 존재일 수밖에 없었다. 오직 여성만이 새로운 생명을 만들어 낼 수 있었다. 새 생명을 만들어 낸다는 것은 곧 자연의 질서와 힘을 지배한다는 것과 같은 뜻이었기 때문에 여성에 대한 숭배가 당연했다.

여성의 몸에서 새 생명이 탄생하는 것은 땅에서 작물이 자라나 열매가 되는 일과 같았다. 이 둘의 연결이 강력한 신성을 만들어 냈다. 인도인이 숭배하던 여신 마하데비는 커다란 젖가슴에서 사람들을 위해 젖을 짜는 모습으로 형상화되었고, 그리스에서는 여신이 해마다 곡물을 한 다발씩 생성한다고 믿었다. 즉 여성의 생식능력과 자연의 비옥함이 결부되어 신성을 띠게 된 것이다. 여신의 신성에 풍요와 다산만 있지는 않았다. 여신은 죽음도 관장했다. 초기 문명사회는 신성한 여성이 죽음과 깊은 관계에 있음을 이해했다. 당시 사람들의 마음속에서 생명의 신과 죽음의 신이 공존했다.

여신이 숭배받던 시기에 여성들은 재산을 소유했다. 스파르타에서는 여성들이 모든 땅의 3분의 2를 가졌다. 남녀가 동등하게 결혼 계약을 맺었으며 여성의 몸은 구속받지 않았다. 그리스의 소녀들은 자유롭게 야외 활동을 했고, 이오니아의 여성들은 사냥에 나섰다. 남성처럼 싸우는 여성들의 군대도 있었다. 호전적인 켈트족은 무사 출신 여왕을 존경했다. 문명이 태동하던 시기에 여성들은 그 뒤 어떤 시대보다도 여성다움이나 순결에 대한 강요로부터 자유로웠다.

하지만 인간에게 인과적 해석 능력이 생기면서, 남성이 임신에 기여한다는 것을 알게 되고 여성의 신성은 자연스럽고 인간적인 것이 되었다. 그리고 숭배 대상이 남근으로 바뀌었다. 인구가 늘어나면서 인류가 자연에 순응하는 채집보다는 자연을 길들이는 집약적 농업을 통해 안정적으로 먹을 것을 구하게 되고, 육체적 힘이 필요한 농사가 남성의 일로 여겨졌다. 한곳에 머무르며 농사짓고 사는 집단 간 다툼이 벌어져도 힘이 센 남성이 적극적으로 군사를 조직하고 나서면서 높은 지위를 차지하게 되었다. 여성에게 있던 권력이 이렇게 차차 남성에게 넘어가고, 여성이 날마다 하는 반복적인 일은 폄하되었다. 이런 힘의 이동은 전 세계의 신화가 뒷받침한다. 지역에 따라 시기는 다르지만, 예수 탄생 전 1000년 동안 대모신은 서서히 사라지고 그 자리를 남신이 차지했다.

그런 여성은 없습니다

대모신이 남신으로 대체되는 인류 초기의 역사를 되짚어 보면, 여성이 남성보다 근본적으로 열등한 존재라는 생각이 잘못되었다는 것을 알 수 있다. 물론 여성이 남성보다 우월하다고 보는 것도 옳지는 않다. 여성과 남성은 그저 다를 뿐이다. 하지만 지배 권력을 차지한 남성은 여성을 대상화하며 억압하고 여성의 영역을 제한했으며 이에 맞서는 여성들의 투쟁도 계속되고 있다.

그런데 오늘날 한국의 젊은 남성들 가운데 여성이 차별받는다는 사실 자체를 인정하지 않는 경우가 많다. '남자가 피해자'라는 것이 그들의 주장이다. 더 나아가 페미니즘을 '악'으로 규정하고 무차별적으로 비난하는 남성도 적지 않다. '페미니즘 비난'이 남성 주류 문화의 일부가 되어 버린 것이다. 젊은 남성들에게서 이런 시각이 더 도드라지는 이유는 군복무라는 억압적인 경험, 신자유주의 시대의 불안한 취업 시장, 여전히 틀에 갇힌 남성성에 대한 사회적 요구 등에서 찾을 수 있다. 일부에서 근본적인 문제는 외면한 채로 이런 현실을 사회 전반의 여성 우대 경향에 따른 결과로 보고, 결국 남성이라는 이유로 차별받고 있다는 피해 의식이 자리 잡게 된 것이다.

사실 여성이 남성보다 살기 좋은 세상이 되었다는 주장은 대부분의 사회지표와 통계를 무시하는 것이다. 2014년 조사에 따르면, 한국 남성의 가사 분담률은 16.5퍼센트로 OECD 국가 중 최하위다. 자녀를 둔 가정의 맞벌이 비율도 OECD 평균 58.5퍼센트보다 훨씬 낮은 29.4퍼센트다. 성별 임금격차는 OECD가 조사를 시작한 뒤로 계속 1위였다. 한국의 임금격차는 2016년 기준

대검찰청이 해마다
발표하는 범죄 분석
자료에서 2014년
흉악 범죄 피해자의
84퍼센트 이상이
여성이었으며 성폭력은
여성 대상 범죄의
93.5퍼센트에 이른다.

Life
SB · JY
침묵하지 않겠습니다.
고통받지 않는 곳으로
간절히 바랍니다.
미안합니다.
여자라는 이유만으로
죽지않는 세상을
만들게요.
-27살 언니가-
꼭 강력한 처벌을 원합니다

36.3퍼센트로 2위인 일본과도 10퍼센트 가까이 차이가 난다. 소득 분포도 차이가 난다. 통계청의 '일자리행정통계를 통해 본 임금근로일자리별 소득'에 따르면, 2015년 남성의 평균 소득은 390만 원인데 여성의 평균 소득은 236만 원이다. 범죄 피해율을 봐도 사정이 비슷하다. 대검찰청이 해마다 발표하는 범죄 분석 자료에서 2014년 흉악 범죄 피해자의 84퍼센트 이상이 여성이었으며 성폭력은 여성 대상 범죄의 93.5퍼센트에 이른다.

사회학자 최태섭은 『한국, 남자』에서 남자들의 피해 의식은 단순한 거짓이 아니라 적극적인 자기기만의 산물이라고 말한다. 불확실성이 날로 커지고, 삶의 조건이 악화되는 가운데 젊은 남성들은 남자로서 권위를 마음껏 누리며 여자들의 존경과 수발을 받고 살 수 있던 시절을 그리워한다는 것이다. 그렇게 여성이 불만이라면 여성과 관계를 단절하면 되지만 그러지 않는 것은 사실 '남자들이 자신의 존재를 여자들에게 의존'하고 있기 때문이다. 그들에게 여성은 '일이 잘못되었을 때 탓할 수 있는 대상이자 성욕 해소를 위한 도구이며 자신의 삶이 본궤도에 올랐을 때 내조, 살림, 대리 효도, 육아를 담당'하는 사람이다. 이런 여성이 실제로 존재할까? 당연히 그렇지 않다. 환상일 뿐이다. 이런 환상 속에 존재해야 할 여성들이 말하고, 경쟁하고, 행동할 때 남성들은 박탈감과 분노, 공포를 느낀다. 이런 박탈감과 분노와 공포가 여성을 향한, 구체적으로는 페미니스트를 향한 공격으로 드러난다.

이 갈등을 어떻게 끝낼 수 있을까? 기존의 세계관으로는 해결할 수 없다. 이성애 정상 가족을 기본 모델로 하는 사회 시스템이 강력하게 작동하고 여성에 대한 남성의 지배가 계속된다면, 남성 역시 자유로워질 수 없다는 적극적인 현실 인식이 필요하다. 궁극적으로는 성별 질서를 벗어날 필요가 있다. 남자이기 때문도, 여자이기 때문도 아닌 인간이기 때문에 존중받는 사회를 만드는 것이 결국 나를 해방하는 일이다.

참고 자료

로잘린드 마일스, 『최후의 만찬은 누가 차렸을까?』, 신성림 옮김, 동녘, 2005 | 박정훈, 『친절하게 웃어주면 결혼까지 생각하는 남자들』, 내인생의책, 2019 | 최승범, 『저는 남자고, 페미니스트입니다』, 생각의힘, 2018 | 최태섭, 『한국, 남자』, 은행나무, 2018

등불을 든 여인

"간호사에게
가장 나쁘고
위험한 말은
고칠 수 없는 것은
참아야 한다는
격언이다."

야전병원 간호사의 투쟁

1820년에 태어나 90세가 되던 1910년에 사망한
플로렌스 나이팅게일Florence Nighringale,
그녀의 싸움은 200여 권의 보고서와 논문
그리고 1만 2000통의 편지로 남아 있다.

멀쩡한 사람도 죽어 나가던 당시의 진료 환경.
그녀는 유럽 전역의 병원을 돌아보고
환자에게 해가 되지 않는 병원을 꿈꾸었다.
그리고 복도로 이어진 병실, 병동당 최대 침상 수,
간호사 1인당 넘지 말아야 할 환자 수 등

신개념 병원 모델을 제시한다.

부상한 병사들이 생을 마감하는 전쟁터의 병원은
쥐와 벼룩, 오물이 넘쳤다.
영국군 고위 사령부는 지옥과 가장 가까운 곳을 만드는 데
성공한 것이다.
연간 1500명은 족히 되는 병사가 관리 부실로
마치 총살을 당하듯 어이없이 목숨을 빼앗기고 있었다.
그녀는 젊은이들을 죽도록 방치하는 정부와 군 고위직을
끊임없이 고발했다.
고발과 비난에 그치지 않고
복잡한 숫자를 없애 한눈에 알아볼 수 있는 그림그래프로
변화를 촉구했다.
영국 왕립통계학회 최초의 여성 회원이 되었지만
누군가에겐 성가시고 불편한 존재였다.

90년 생애에서 4년 남짓 그녀를 부른 이름이 간호사였다.
크림전쟁 기간 중 2년 반 남짓
영국군 야전병원의 간호사로 일했다.

36세에 크림전쟁에서 돌아온 뒤 54년간 병원과 환자와
간호사를 위해 수많은 글을 남긴다.

그녀는 말한다.
"불량한 위생 시설, 비효율적인 행정관리 제도는
참간호를 불가능하게 만들곤 한다.
그러므로 간호사에게 가장 나쁘고 위험한 말은
고칠 수 없는 것은 참아야 한다는 격언이다."

플로렌스 나이팅게일

1820년, 부유한 집안에서 태어난 나이팅게일은 당시 평범한 여자아이들과 달랐다. 글쓰기와 토론을 좋아하고 파티나 꽃꽂이에는 관심이 없었다. 무엇보다 병들고 가난한 사람을 돕고 싶어 했다. 그녀가 간호사로 일하고 싶다고 하자 부모는 반대했다. 당시 간호사는 천한 직업이었기 때문이다. 20대가 된 그녀가 청혼을 받았지만 거절했다. 결혼하면 간호사 일을 제대로 할 수 없을 터였다. 나이팅게일은 영국과 독일에서 간호사 교육을 받는다.

1853년, 나이팅게일이 런던의 한 자선병원을 맡아 달라는 부탁을 수락한다. 그녀는 병원을 훌륭하게 운영했다. 환경을 개선하고, 환자가 아프면 언제든 간호사를 부를 수 있게 종을 달았다. 얼마 후 콜레라가 돌아 간호사들이 모두 겁먹고 도망갔을 때도 나이팅게일은 몸을 아끼지 않고 환자를 돌보았다.

같은 해 10월, 지중해로 진출하려는 러시아와 터키 사이에 크림전쟁이 터진다. 영국군과 프랑스군은 터키를 돕기 위해 크림반도로 향한다. 영국과 프랑스가 전투에서 큰 승리를 거두지만 기사 하나가 사람들을 충격에 빠트렸다. 1854년 10월 14일 런던,

《타임스The Times》에 실린 글을 통해 당시 영국군의 야전병원이던 스쿠타리병원이 열악해서 전쟁터보다 사망자를 더 많이 만들고 있다는 것이 알려졌다. 기사를 읽은 나이팅게일은 스쿠타리병원으로 가 이곳을 근본적으로 뜯어고친다. 위생 문제를 해결하고, 적절한 음식을 제공하고, 다친 병사들에게 읽을거리와 놀거리를 제공했다. 결과는 놀라웠다. 야전병원에 수용된 부상병 사망률이 5개월 만에 42퍼센트에서 3퍼센트로 떨어진 것이다.

이 일로 나이팅게일은 유명 인사가 되었다. 당시 《타임스》는 '모든 군의관이 퇴근한 밤에도 그녀가 천사처럼 작은 등불을 들고 부상병들을 돌본다'는 기사를 내보냈다. 기사를 접한 미국 기자 겸 시인인 헨리 워즈워스 롱펠로Henry Wadsworth Longfellow는 1857년에 발표한 시 「산타 필로메나Santa Filomena」에서 '등불을 든 여인을 나는 보았네A lady with a lamp I see'라고 읊었다. 나이팅게일의 이미지가 이렇게 '등불을 든 백의의 천사'로 굳어지게 되었다.

그런데 나이팅게일은 아픈 병사를 묵묵히 치료하는 이미지에 가둘 수 없는 투사였다. 그녀는 사실 '망치를 든 여인'으로 불렸다. 군의 지휘관이 필요한 의약품을 주지 않자 잠겨 있던 약품 저장실을 과감하게 공격해서 붙은 별명이다. 나이팅게일이 든 '망치' 대신 '등불'만 강조하는 것은 그녀의 혁신적이고 강한 모습을 당대 남성들이 수용할 수 없었기 때문이 아닐까?

나이팅게일이 간호사로 활약한 기간은 4년 정도다. 그 뒤 그녀의 삶은 행정가, 개혁가로서 성차별에 저항하고 사회를 바꾸기 위한 싸움으로 채워졌다. 영국 의회의 각종 개혁 입법에 참여해 성과를 거뒀다. 특히 1858년에는 통계학자로서 '장미도표'를 세상에 내놓았다. 복잡한 숫자로 이루어진 통계를 일반인이 이해하기 어렵다고 여겨, 누구든 쉽게 볼 수 있는 그림으로 통계를 정리한 것이다. 장미도표는 통계학 역사상 가장 중요한 자료 제시 방법으로 평가받는다. 여성으로서는 처음으로 영국 왕립통계학회의 정회원이 된 그녀는 30년 동안 케임브리지대학에 통계학과를 신설하려고 노력하기도 했다. 어쩌면 그녀를 '백의의 천사'보다 '실천하는 혁신가'로 기억하는 편이 더 온당할 듯하다.

천재 수학자의 죽음

나이팅게일이 사회의 주류 세력을 통해 이미지가 왜곡되었다면, 아예 죽임을 당한 여성이 있다. 알렉산드리아의 선도적인 지식인이자 역사상 최초의 여성 수학자 히파티아Hypatia다. 370년쯤 알렉산드리아의 유명한 수학자 테온Theon의 딸로 태어난 히파

티아는 어렸을 때부터 추론하고 질문하는 훈련을 받으며 수학, 천문학, 철학, 문학 등 다양한 학문을 접했다. 당시 여성은 남성의 소유물로 여겨졌지만, 남성의 구혼을 거절하고 평생 독신으로 학문에 정진하며 여성이라는 한계를 훌쩍 넘어 거침없이 자신의 학문적 영역을 개척해 갔다. 천문학과 대수학에서 독창적인 성과를 보였으며 학생들에게 존경받는 교육자였다. 라파엘로 Raffaello Sanzio의 그림 〈아테네 학당Scuola di Atene〉에서도 그녀를 찾아볼 수 있는데, 그녀가 아리스토텔레스Aristoteles· 플라톤Plato 등 당대 최고의 학자들과 어깨를 나란히 했기 때문이다.

히파티아가 살던 알렉산드리아는 오랫동안 로마의 통치를 받고 있었고, 세력을 확장하던 로마의 기독교가 이교도 문화를 뿌리 뽑으려 했다. 기독교를 로마의 국교로 삼은 황제 테오도시우스 1세는 391년에 알렉산드리아의 총대주교인 테오필루스 Theophilus의 압력으로 로마 전역의 이교를 불법화하고, 이해 여름에 테오필루스의 명령을 받은 무리가 알렉산드리아의 토속 사원들을 약탈하기도 했다. 테오필루스는 412년에 사망하고 그의 조카인 키릴로스Kyrillos가 대주교 자리를 이어받았다.

그런데 알렉산드리아 과학과 학문의 상징적 존재였던 히파티아가 키릴로스에게 눈엣가시와 같았다. 초기 기독교는 과학과 학문을 이교도의 사상으로 보고 폄하하기 일쑤였기 때문이다. 히파티아를 겨냥한 키릴로스의 위협은 살기가 등등했다. 그럼 히파티아가 학문적 주장을 굽힐 수도 있었을 텐데, 그녀는 대중에게 지적 탐구와 배움의 가치를 설파하며 자신의 주장을 담은 글을 계속 썼다. 과학적 합리주의에 근거한 그녀의 철학은 당시 기독교 정신에 대한 도전으로 받아들여지고, 그녀가 가진 권위는 여성에게 가당찮은 것으로 여겨졌다. 414년, 결국 그녀가 키릴로스와 그를 추종하는 광신도의 손에 처참한 죽임을 당한다. 마차를 타고 가던 그녀가 길거리로 끌어내려진 뒤 벌거벗겨지고는 조개껍질과 날카로운 돌로 뼈에서 살을 베어 내는 고문을 당하며 죽은 것이다. 그 뒤 그녀는 물론이고 저술도 모조리 불태워진다. 이렇게 그녀의 이름이 역사에서 오랫동안 잊혔지만, 키릴로스는 성인의 반열에 오른다.

참고 자료

에마 피시엘, 『나이팅게일』, 피터 켄트 그림, 이민아 옮김, 비룡소, 2009 | 칼 세이건, 『코스모스』, 홍승수 옮김, 사이언스북스, 2006 | 브라이언 트렌트, 『소설 히파티아』, 전영택 옮김, 궁리, 2007 | 「아프고 가난한 자를 위해, 숫자를 무기로 세상을 바꾸다」, 《경향신문》, 2020년 9월 15일 | 「망치를 든 백의의 천사」, 《서울경제》, 2017년 5월 12일

편리하긴 합니다만

가사노동의 역설

19세기 후반 미국 주택에 전기 배선이 설치되며
가전제품이 등장한다.
1882년 전기다리미, 1886년 식기세척기,
1907년 가정용 진공청소기, 1913년 가정용 냉장고.

세상은 '전기를 당신의 하인으로 만들라' 광고했고
'사랑스러운 아내이자 엄마는 누리기만 하면 된다'고도 했다.
손대지 않아도 뚝딱, 집안일에서 해방될 거라고
여성들은 기대했다.
그러나 여전히 해도 해도 끝이 없다.

실제로 1924년에 주당 52시간이던 가사노동 시간이
가전제품 보급이 늘어난 1960년대에 55시간이 되었다.
당시 취업 노동자의 주당 평균 노동시간보다 길었다.

역사학자 루스 코완Ruth Cowan이 '기이한 역설'이라 부른 현상,
가전제품이 보급되었는데 가사노동은 왜 더 늘었을까?

세탁기가 있는데 왜 일주일에 한 번 세탁한단 말인가,
진공청소기를 쓰면 되는데 왜 먼지를 그냥 둔단 말인가,
더운물이 콸콸 나오는데 왜 아이들 목욕을 안 시킨단 말인가,
게다가 애들이 대여섯도 아니고 고작 두세 명인데 말이다.

청결에 대한 기준이 바뀌고
가사노동이 사랑으로 묘사되기 시작했다.
집 안이 완벽하지 않을 때 주부는 죄책감을 느꼈다.
결국 집안일이 줄어든 게 아니라
의미와 형태가 재구성된 것이다.

그러나 전으로 돌아갈 수 없다.
우리는 편리함, 위생 그리고 쾌적한 삶에 길들었다.

이제 세탁기, 냉장고, 청소기는 기본이고
빨래건조기, 로봇청소기, 식기세척기, 의류살균기,
김치냉장고, 커피머신, 공기청정기까지.
이번에는 내 시간을 보장받을 수 있을까?
우리가 집안일에서 해방될 수 있을까?

See my new 59 guinea Kelvinator!

Ideal for the small kitchen. Only 22½" wide yet 3 cubic feet of storage space and 6 square feet of refrigerated shelf space.

Brilliant white enamel of permanent lustre. Chilling Tray for meat and fish under the high-speed Freezer with Ice Tray. 'Cold-ban' door trimming. Easy clean interior, resistant to acids and moisture. Rigid shelves allow dishes to stand and slide without tipping. Detachable glass-hard enamelled worktop of standard kitchen height (ideal for pastry making). Adjustable Temperature Control. Smooth and quiet operation. Powered by the famous electricity economiser—the 'Polarsphere' Sealed Unit—GUARANTEED FOR FIVE YEARS.

r models
ble—4 cu.
d 7 cu. ft.—
4' wide

Kelvinator MODEL FT-3. PRICE **59** GNS.

(INSTALLED)

including Purchase Tax

Easy terms, of course !

Yes! you get MORE in a Kelvinator and pay LESS for it!

News of the 4 cu. ft. Kelvinator

The reduced price of the FT.4 is **74** GNS

installed, including Purchase tax

There are three 7 cu. ft. models also a

NASH-KELVINATOR LIMITED, 53/55 NEW BOND ST., LONDON

공짜가 아닙니다

　오스트리아 출신 사상가 이반 일리치Ivan Illich는 『그림자 노동
Shadow Work』을 통해 대부분의 사회에서 가정을 뒷받침하는 것은
'지불되지 않는 노동'이라고 말한다. 산업사회가 재화와 서비스
를 생산하는 데 반드시 필요한 노동인데도 비가시화되고 지불되
지 않는 노동, 대가 없는 노동에 그는 '그림자 노동'이라는 이름
을 붙인다. 그리고 이런 노동이 산업혁명 이후 임금노동과 짝을
지어 존재했지만 시종일관 은폐되어 왔다고 주장한다. 즉 '그림
자 노동'은 남성이 임금노동자가 되는 데 '필요조건'인데도 지금
까지 무시되었다.

　1980년대 말, 영국의 대표적인 사회학자 앤서니 기든스Anthony
Giddens가 『현대 사회학Sociology』에서 오늘날 무급 노동으로 취급
되는 가사노동의 경제적 가치를 따져 보면 국내총생산GDP 3분
의 1 정도에 해당할 것이라고 지적하기도 했다. 하지만 여성의
가사노동은 시장에서 거래할 수 있는 생산이 아니기 때문에 그
가치를 평가하기 어렵다는 것이 전통 경제학의 주장이었고, 이
에 따라 GDP에 반영되지 못했다.

하지만 UN은 1985년 세계여성대회에서 '모든 측면에서 여성의 무급 노동 기여는 국민계정과 경제통계에 반영돼야 한다'고 지적했다. 여성의 무급 노동에 대한 UN의 첫 언급이었다. UN은 1993년부터 가사노동의 경제적 가치를 평가해 국민총생산GNP 활동에 포함하라고 권고해 왔다. 우리나라에서는 2005년과 2008년에 한국여성정책연구원이 전업주부가 수행하는 가사노동의 가치를 따져 월급을 계산한 연구가 있지만, 국가 차원의 공식적인 발표는 아니었다.

그러다 2018년 10월, 통계청이 처음으로 가사노동의 가치를 시장가격으로 계산해 공식적으로 발표했다. 이 발표에 따르면, 2014년 기준 연봉으로 계산할 경우 '무급' 가사노동의 1인당 시장가격은 710만 8000원이다. 4인 가구 기준으로는 연간 2843만 2000원 수준이며 시급으로는 1만 569원에 해당한다. 2014년 최저임금인 5210원의 두 배쯤 되는 금액이다. 무급 가사노동의 가치가 우리나라 명목 GDP의 24.3퍼센트에 해당하며 361조 원 규모다. 이는 무급 가사노동을 전문가 고용으로 대체할 경우 지급해야 하는 임금을 계산하는 방식에 따라 평가한 것으로, 음식 준비·청소·돌보기 등 각 영역에서 유사한 해당 직종의 시간당 임금에 가사노동 시간을 곱하는 식으로 산출했다. 국내 가사노동의 총가치를 연도별로 보면 1999년에 144조 9950억 원에서 2004년 201조 3020억 원, 2009년 270조 6200억 원으로 점점 증가하고 있다. 2014년에는 1999년에 비해 148퍼센트 정도 증가한 것을 발견할 수 있다.

보이지 않는 노동인 '그림자 노동'에 가치를 매기게 된 것은 반가운 일이다. 안타까운 것은, 가치를 매겼다고 해서 전업주부에게 그 노동의 대가가 바로 지급되지는 않는다는 사실이다. 가사노동이 생산적이며 필수적인 노동이라는 것을 인정한 만큼 이를 여성이든 남성이든 그 중간의 어떤 젠더든 한쪽에서만 무조건 담당하는 일이 없도록 의식적으로 노력을 기울여야 한다. 또한 경제적으로 가치를 따질 수 있는 이 분명한 노동을 사랑과 돌봄의 이름으로 포장하고 누군가에게 강요하는 문화에 맞서야 한다. 이것은 우리가 당장 할 수 있는 일이고 해야 하는 일이다.

사회적 돌봄이 무너진 자리

대구에서 계약직으로 일하는 여성 A씨의 다섯 살 아이는 2020년 2월 유치원 입학을 앞두고 있었다. 신천지의 코로나19 집단 감염에 따라 환자가 폭증했고 등원은 꿈도 꿀 수 없었다. 아이가 등원을 못 하자 친정어머니와 고용한 도우미가 온종일 아이를 돌봤다. 어쩔 수 없는 상황에서는 A씨가 휴가를 썼지만, 남편은 한 번도 휴가를 쓰지 못했다. 간호조무사인 B씨는 코로나19 확산으로 아이가 어린이집에 못 가게 되자 아이를 친정이 있는 제주도로 보내야 했고, 어린이집이 문을 열어 아이가 집으로 돌아온 뒤에도 아이의 고모 세 명에게 번갈아 가며 도움을 받았다. 경제활동을 하지 않는 여성들은 긴급 돌봄에 보내는 것조차 눈치가 보였다. 집에서 아이를 돌보면서 지원 서비스를 받는 것은 게으르고 무책임하다고 비난받기 쉽기 때문이다.

돌봄뿐이 아니다. 코로나19로 학교가 제 기능을 다 하지 못하면서 생긴 학습 공백을 메워야 하는데, 이것도 여성의 몫이다. 매일 오전 8시 30분까지 아이의 체온을 재고 댓글 달기, 온라인 학습 챙기기, 과제를 다 했는지 점검하기 등이 모두 여성의 일이 되었다.

2020년 9월 한국여성노동자회의 조사에 따르면, 응답자 가운데 56.3퍼센트가 코로나19로 돌봄 노동이 증가했다고 답했다. 하루 평균 2~4시간이 늘었다고 답한 경우가 가장 많다. 특히 임금 노동을 하지 않는 전업주부의 경우 돌봄 노동에 드는 시간이 무려 여섯 시간 이상 증가했다고 답했다. 그런데 여성 노동자들이 돌봄 노동을 73.5퍼센트 정도 하는 것과 달리 배우자는 14퍼센트 정도만 한다고 답했고, 이 돌봄 위기가 지속될 경우 일을 그만둘

가능성이 높다고 답한 여성도 36.4퍼센트나 되었다.

사실 코로나19 사태가 벌어지기 전에도 돌봄은 지나치게 여성만의 일이었다. 그러다 전에 겪어 보지 못한 팬데믹 상황에서 돌봄이 필요한 곳은 많아지고 여성의 부담이 더욱 커진 것이다. UN은 2020년 4월에 발표한 정책 보고서에서 코로나19가 여성들이 수십 년간 노력해서 일군 성평등 관련 성취를 후퇴시킬 수 있다고 했다. 그 원인 중 하나는 코로나19로 가중된 돌봄 노동이 육체적인 고통과 고립으로 이어지는 것이다.

사회적 돌봄은 언제나 위기였지만 팬데믹 상황 전에는 겨우겨우 감춰져 있었다. 사회적 돌봄이 팬데믹 상황으로 멈춰 버리자 가족의 안팎에서 바로 비명이 터져 나왔다. 삶을 지탱하는 데 꼭 필요한 돌봄 노동을 한시도 멈출 수 없다는 것이 이런 식으로 증명되었다. 가족 내 돌봄 노동 담당자 중 80퍼센트 이상, 간병인을 비롯해 가족 밖 돌봄 노동자의 90퍼센트 이상이 여성이다. 여성에게 '돌봄'이라는 말은 개인적으로도 사회적으로도 부담스러울 수밖에 없다. 이 문제를 근본적으로 해결할 수 있는 방법으로 노동시간 단축을 꼽는 이들이 많다. 노동시간 단축을 기반으로 성별과 상관없이 누구나 노동과 돌봄을 병행하는 문화를 만들어야한다. 누구나 돌볼 수 있어야 하고 돌봄을 받을 수 있어야 한다. 코로나19 팬데믹 상황은 인간이 만들어 놓은 시스템이 순식간에 무너질 수 있다는 것을 보여 주었다. 또 시스템이 무너진 자리에서 인간이 촘촘하게 연결되어 서로에게 건강을 빚지며 살아가고 있다는 것도 보여 주었다. 우리가 이렇게 촘촘하게 연결되어 있다면, 나와 가족을 돌보는 것은 세상을 돌보는 것이 된다. 돌보지 않으면 바로 무너지는 우리는, 서로가 서로에게 든든하게 기대는 사회적 돌봄의 전망이 필요하다.

참고 자료

김덕호, 『세탁기의 배신』, 뿌리와이파리, 2020 | 권김현영 외, 『코로나 시대의 페미니즘』 김은실 엮음, 휴머니스트, 2020 | 「시간당 1만 569원'…10년 전보다 낮은 가사 노동 가치」《여성신문》, 2018년 10월 10일 | 「코로나 10개월 여성은 '돌봄 전담자'가 됐다…여성 돌봄 40%에서 70%로」《경향신문》, 2020년 10월 28일 | 「UN "코로나19, 성평등 후퇴시킬 수 있다" 경고」《여성신문》, 2020년 4월 15일

GENDER

4

혐오에서
존중으로

SPECTRUM

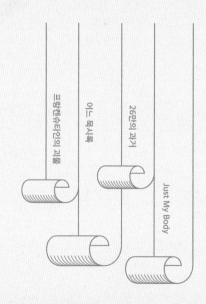

프랑켄슈타인의 괴물

어느 묵시록

26만의 과거

Just My Body

Just My Body

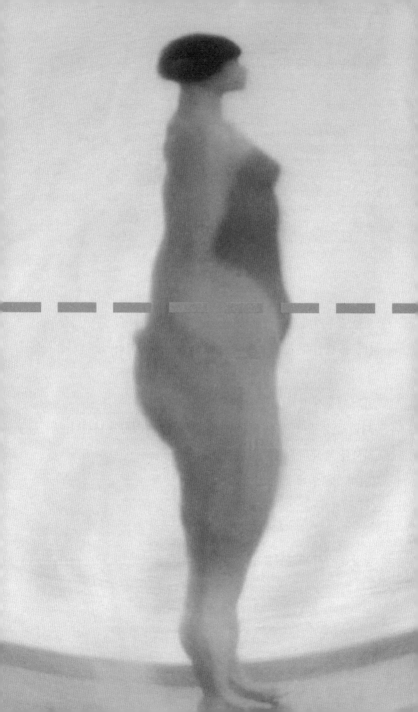

검열은 중지, 공격은 사절

오늘도 우리의 몸은 도마 위에 오른다.

칼질을 당한다. 들들 볶인다. 입맛에 맞게 요리된다.

어느 배우가 촬영 중 추락 사고를 당했다.

'다리 골절 김○○, 100만 불짜리 각선미'라는 기사가 나간다.

기사를 본 네티즌의 한마디.

"몸이 명품인데 보험 들었겠지?"

"다리 진짜 예쁨!"

늦잠을 자서 맨얼굴로 출근했다.

직장 동료가 건네는 한마디.
"다크 서클이 심하네. 어디 아파?"
"화장 안 하니까 어려 보여."

배가 고파 길에서 어묵을 사 먹었다.
지나가던 사람의 한마디.
"저기서 더 찌면 건강에 안 좋을 텐데."
"참 복스럽게 생겼네."

아, 오늘도 너무 많이 들었다. 몸에 대한 칭찬과 걱정.
내가 더 신경 써야지, 내가 더 조심해야지.
다리가 굵으니까 치마는 입지 말고,
입술이 두꺼우니까 튀지 않는 색으로,
굳은살 보이니까 샌들은 신지 말자.

쏟아지는 시선, 관심, 평가 속에 늘어 가는 자기 검열.
사회학자 오찬호는 말한다.
"외모 평가 일주일만 참아 보세요. 정말 힘들 거예요.
그동안 무엇을 주제로 대화해 왔는가,
근본적으로 다시 생각하게 될 정도로요."

말라서 또는 살집이 있어서, 키가 커서 또는 키가 작아서,

피부가 하얘서 또는 피부가 까매서

오늘도 수백 가지 이유로 공격당하는 우리의 몸.

하지만 몸의 사전적 의미는?

사람이나 동물의 형상을 이루는 전체 또는

그것의 활동 기능이나 상태.

나비의 날개는 예뻐 보이기 위한 것이 아니라

날기 위해 존재한다.

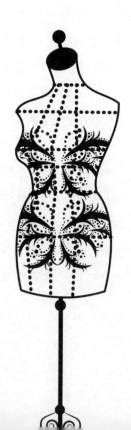

외모보다 더 중요한 것

2017년, 스웨덴 모델 아르비다 비스트룀Arvida Byström이 한 운동화 광고를 찍었다. 사진에는 쪼그려 앉은 그녀의 회색 운동화를 신은 오른쪽 다리가 부각되어 있다. 이 사진이 대중에게 공개된 뒤 그녀는 수많은 악성 댓글과 성폭행 위협에까지 시달렸다. 왜? 그녀가 제모하지 않은 다리를 드러냈기 때문이다. 단지 자기 몸의 털을 있는 그대로 드러냈다는 이유로 그녀가 공격을 받아야 했다. 이런 일이 남성 모델에게는 일어나지 않는다. 사회가 여성의 몸을 더 쉽게 대상화하기 때문이다.

대상화란 타인을 생각과 느낌·목표와 욕망을 가진 진짜 사람, 즉 '주체'로 취급하지 않는다는 것을 뜻한다. 몸이 대상화될 때 여성은 그저 몸 또는 신체 부위로 취급되고 자기 자신이 아닌 다른 사람의 만족을 위해 존재하는 것이 되고 만다. 즉 비스트룀은 그녀가 드러낸 다리털이 남성들이 기대한 것, 남성들이 만족할 만한 것이 아니라서 공격받았다고 볼 수 있다. 대부분의 여성들은 이런 대상화, 즉 '몸으로 취급받는 경험'을 피해 가기 어렵다.

페미니스트 철학자로 유명한 마사 누스바움Martha Nussbaum은

1995년에 발표한 글 「대상화Objectification」에서 대상화의 주체를 기준으로 삼아 대상화의 속성 일곱 가지를 정리했다.

1. 도구성: 대상을 자신의 목적을 위한 도구로 대한다.
2. 자율성 부정: 대상은 자율성과 자기결정권이 없는 것처럼 대한다.
3. 비활동성: 대상이 자주성과 활동성이 없는 것처럼 대한다.
4. 대체 가능성: 대상을 다른 대상과 교환할 수 있는 것처럼 대한다.
5. 침해 가능성: 대상을 해체하고, 부수고, 침입할 수 있는 것처럼 대한다.
6. 소유권: 대상을 다른 사람이 소유하고 매매할 수 있는 것처럼 대한다.
7. 주관성 부정: 대상의 주관적인 경험이나 느낌을 고려할 필요가 없는 것처럼 대한다.

한마디로, 사람을 사물로 대하는 방식이다.

여성의 외모 평가를 통한 통제는 문화 곳곳에 뿌리내리고 있다. 영화, 잡지, 광고, 뉴스 등 다양한 매체에서 대상화가 끝없이 반복되기 때문에 영향받지 않기가 어렵다. 대개 남성은 대상화의 주체로서 여성을 대상화하는 데 익숙해지고, 여성은 자신의 능력과 욕망보다 자신이 어떻게 보일지에 신경 쓰게 된다. '자기 대상화'다.

소녀들의 경우 '자기 대상화' 극복이 중요한 과제다. 여자아이들이 진정한 자기 자신을 마주하기도 전에 다른 사람의 눈에 어떻게 보이는지에 집중하는 것은 인류 전체에 큰 낭비다. 딸이 외모에 대해 불평할 때 엄마는 쉽게 "넌 지금도 충분히 예뻐."라고 말한다. 하지만 이런 말은 별 도움이 되지 않는다. 예쁘냐는 물음에 예쁘다고 답함으로써 외모가 중요함을 다시 확인하게 될 뿐이기 때문이다.

『거울 앞에서 너무 많은 시간을 보냈다Beauty Sick』를 쓴 러네이 엥겔른Renee Engeln은 이렇게 말한다.

"소녀들은 외모보다 더 중요한 것에 집중함으로써 성장해야 한다. 소녀와 여성을 칭찬하고 싶다면 그녀가 실제로 통제하는 무언가를 칭찬하자. 열심히 노력하는 것. 집중하는 것. 배려하는 것 (…) 그녀와 함께 있는 시간이 즐겁다고 말하자. 그녀가 당신에게 어떤 영감을 주는지 설명하자."

꾸미거나 꾸미지 않을 자유

코르셋은 허리를 조여 가슴과 엉덩이를 돋보이게 하는 속옷이다. 유럽 여성들은 16세기부터 400년 가까이 코르셋에 자신의 몸을 맞추면서 살았다. 코르셋이 흉부를 압박해 뼈가 틀어지고, 장기도 손상됐다. 귀족 저택에는 코르셋을 조이다가 쓰러진 여성들을 위한 '기절방'이 따로 있을 정도였다. 코르셋은 사회가 여성의 아름다움에 대해 폭력적인 기준을 부여했다는 증거다. 오늘날 코르셋을 입는 여성은 거의 없지만 사회가 정한 여성성의 기준은 유효하다. 화장한 얼굴, 긴 머리, 마른 몸매 등 여성을 통제하고 억압하는 사회 문화적 요구가 아직도 여성의 삶에 코르셋으로 작용하는 것이다. 이런 의미에서 꾸밈 노동 일체를 거부하는 것이 바로 '탈코르셋' 운동이다.

물론 여성의 외모에 대한 억압에 저항하며 사회가 요구하는 틀에서 벗어나 성이나 나이를 특정할 수 없는 '젠더리스' 패션을 지향하는 사람들은 수십 년 전에도 있었다. 본질적으로 일맥상통하는 행동이 새삼스럽게 화제가 되는 것은 지금이 그 어느 때보다 이미지 과잉 시대라는 점, 페미니즘 부흥에 따라 여성에 대

여성에겐 자신이
원하는 옷을 입을
권리가 있으며
여성의 옷차림을
이유로 옹호되거나
인정될 수 있는
성폭력은 없다.

한 모든 억압을 다시 보게 된 점 등과 연결해 생각해 볼 수 있다. 2017년 무렵 온라인을 중심으로 이야기되던 탈코르셋 운동, 이제 공감 여부를 떠나 부인할 수 없는 사회적 흐름이 되었다. 이를 주도한 10대 청소년과 20대 초반 여성 들은 환상에 가까운 여자 아이돌의 이미지에 일상적으로 노출되며 성장했다. 현실과 동떨어진 이미지가 기준처럼 제시되는 동안 이들 사이에서 외모 가꾸기는 또래에게 배제되지 않기 위해 해야 할 과제가 되며 억압적으로 작동했다. 이런 상황에 페미니즘의 세례를 받자 저마다 개성이 다르듯 외모의 기준도 다를 수 있다는 것을 깨달았다. 그리고 더는 사회가 정한 미의 기준을 따르지 않겠다는 뜻에서 SNS에 망가트린 화장품 사진 같은 것을 올리고 '#탈코르셋'을 붙이는 운동을 만들어 냈다.

앞에 말했듯이, 여성을 틀에 가두는 외모 규범에 대한 저항이 비단 오늘날만의 일은 아니다. 일제강점기던 1920년 무렵 여성들은 단발 투쟁을 벌였다. 독립운동가이자 여성운동가였던 허정숙許貞淑도 '한갓 남성의 희롱물이 되지 않겠다'는 의지로 단발 투쟁에 동참했는데, 당시 남성들은 '패륜'과 '불효'를 운운하며 조롱했다.

한편 2011년 캐나다 토론토의 한 경찰관이 '성폭행 당하지 않으려면 매춘부(슬럿slut) 같은 옷차림을 피해야 한다'고 말하며 성폭력의 책임을 가해자가 아닌 피해자에게 떠넘긴 데 반발해 여성들이 집단행동에 나섰는데, 이것이 바로 '슬럿워크Slut Walk'다. 참여자들은 노출 수위가 높은 옷을 입고, 여성에겐 자신이 원하는 옷을 입을 권리가 있으며 여성의 옷차림을 이유로 옹호되거나 인정될 수 있는 성폭력은 없다고 주장하며 행진했다. 이 행진이 전 세계로 퍼져 나가 우리나라에서도 같은 해 7월에 '잡년 행진'이 진행되었고, 2017년에는 여성인권단체 페미몬스터즈가 한강공원에서 노출이 많은 옷차림으로 자전거를 타는 '슬럿라이드 Slut Ride' 시위를 벌였다.

자신의 몸을 꾸미거나 꾸미지 않는 것은 자신의 선택이어야 한다고 말하는 움직임이다. 사회적 시선이 주는 압력이나 배제에 대한 두려움 때문이 아닌 자기표현과 자기만족을 위한 꾸밈이 당연한 시대를 기다린다.

참고 자료

러네이 엥겔른, 『거울 앞에서 너무 많은 시간을 보냈다』 김문주 옮김, 웅진지식하우스, 2017 | 율리아네 프리세, 『도대체 페미니즘이 뭐야?』 우다민 그림, 전은경 옮김, 김미향 해제, 비룡소, 2020 | 이민경, 『탈코르셋: 도래한 상상』 한겨레출판, 2019 | 윤지선·윤김지영, 『탈코르셋 선언』 사월의책, 2019 | 「'야한 옷차림'으로 자전거 타는 '슬럿라이드' 시위 "성폭력 원인은 옷차림이 아니다"」 《경향신문》, 2017년 9월 3일 | 「대상화」 《중앙일보》, 2020년 7월 7일

26만의 과거

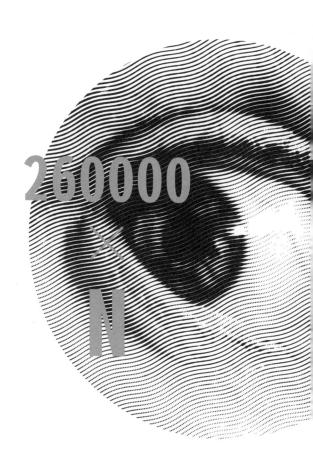

260000
×
N

우리가 아는 어떤 수

그 수는 지방 도시의 인구.

강남역 하루 이용객인 14만 명의 두 배.

명절 연휴 인천공항 하루 이용객 19만 명보다 많고

전국에서 운행 중인 택시 수와 비슷하다.

여성과 아동을 성적으로 착취한 동영상을 즐긴

사람들이 있다.

사이트 운영자들이 떼돈을 벌 수 있게,

계속 범죄를 저지를 수 있게

협조하고 독려하고 찬양한 명백한 공범.

낮에는 멀쩡한 얼굴로 사회인, 이웃, 가족으로 살아가는
성범죄자 26만 명.

수사가 시작되자 터져 나오는 변명.
"지나다 눈팅만 했는데도 처벌받나요?"
"가상화폐 송금한 게 실수로 박사방으로 간 것 같아요."
"다른 방이랑 착각해서 실수로 영상 몇 개 받았거든요."
"너무 억울합니다. 정당한 콘텐츠를 이용료도 내고 시청한
건데."

정당한 콘텐츠라고?
이것은 정당한 콘텐츠가 아니다.
남성과 여성을 길러 내는 방식의 문제며
이런 세상에서 그동안 묵인된 이야기다.

사람들은 말한다.
철이 없어서, 아직 뭘 몰라서, 호기심에, 애들 다 그래.
그리고 그들에게 가장 든든한 존재, 한국의 법.
앞날이 창창한데, 초범이라, 부양가족이 있어서
그들은 제대로 처벌받지 않고 풀려난다.

알베르 카뮈는 말한다.
"어제의 범죄를
벌하지 않는 것은
내일의 범죄에
용기를 주는 것과
같다."

디지털 성폭력, 끝까지 싸운다

　2019년, '탐사·심층·르포 취재물' 공모전을 준비하던 기자 지망생 두 명이 '불법 촬영'을 주제로 검색을 시작했다. 불법 촬영 사진과 후기가 있는 블로그를 발견해, 그 상단의 '고담방'이라는 텔레그램 링크를 타고 들어갔다. 성인 인증 같은 건 필요 없었다. 이미 익명 회원이 1000명이나 되었다. 이 방에서 불시에 '파생방'으로 가는 링크가 올라왔다. 이렇게 두 사람이 들어간 파생방 한 군데에서 불법 촬영 사진 1898개, 동영상 938개, 용량이 커서 압축한 파일 233개가 오가고 있었다. 아동 성폭행 영상과 불법 촬영물, 기절시킨 여성을 성폭행하는 사진과 영상이었다. 이 파생방에 '몰카'나 희귀 '야동'을 올리면 n번방 링크를 받을 수 있었다. 두 사람은 프로필을 일본 애니메이션 주인공으로 설정하면 링크를 주겠다고 비교적 쉬운 조건을 내건 참여자를 만나 n번방에 들어간다. 텔레그램에 가입하고 다섯 시간 만이었다.

　n번방에 들어가자마자 어린아이들의 나체를 마주했다. 고담방과 파생방 회원들이 수없이 말하던 '노예'. 입에 담을 수 없는 행동을 시키고 직접 그 영상을 찍어 올리도록 협박한 장본인은

물론 n번방 회원들이다. 도저히 믿을 수 없는 일이었다. 공모전에 낼 기사를 위해 취재를 시작한 두 사람은 신고가 먼저라고 생각했다. 수사기관에 고발됐으니, 두 사람도 속한 텔레그램 대화방은 범죄 현장이 되었다. 두 사람은 n번방을 계속 지켜보며 사이버수사대에 증거자료를 넘겼다. 경찰은 이를 바탕으로 가해자를 특정해서 잡아내기 시작했다. 디지털 성 착취의 현실이 널리 알려지고 국민적 공분을 샀다. n번방 사건을 우리 사회에 드러내준 두 여성은 추적단 불꽃의 '불'과 '단'이다.

디지털 성폭력은 어제오늘의 일이 아니다. 이에 맞서는 여성들의 집념도 끈질기다. 1999년에 개설된 뒤 100만 명 이상이 성 착취물을 공유하며 국내 최대 성 착취 사이트가 된 소라넷을 폐쇄시킨 주인공도 여성들이다. 2015년에 '워터파크 몰카 동영상' 유포를 계기로 SNS에서 소라넷 고발 프로젝트를 꾸린 여성들이 소라넷 게시판을 공격하고 경찰에 소라넷에서 일어나는 범죄를 신고했다. 신고를 받아주지 않으면 직접 경찰서로 찾아갔다. 강간을 실제로 한다는 증거가 필요하다거나 장난일 수도 있다는 등 수사에 못 나서는 이유를 들어야 했지만, 여성들은 물러서지 않았다. 소라넷 계정을 팔로우하는 사람들에게 일일이 불법성을 환기하며 사회적 관심을 이끌어 냈다. 여론에 밀려 경찰이 전담 팀을 만들었고, 그로부터 6개월 만인 2016년 6월에 소라넷이 공식적으로 폐쇄되었다. 2004년에 처음 단속에 나섰지만 서버를

해외에 둔 탓에 수사하기도 어렵다며 소라넷 운영진과 숨바꼭질
을 하던 경찰의 변명이 무색해졌다.

오늘날 한국 사회에서 자신이 디지털 성범죄로부터 안전하다
고 생각하는 여성이 몇이나 될까? 소라넷과 n번방에서 벌어지는
범죄를 고발한 여성들은 다른 여성의 피해를 못 본 체할 수 없었
고, 그 마음으로 힘을 모아 변화를 만들었다. 하지만 공권력이 과
연 디지털 성폭력을 뿌리 뽑을 의지가 있는지 의심하게 되었다.
소라넷 운영자에게 징역 4년형을 선고하고, 회원들의 이용료와
성인용품 업체의 광고료가 있었지만 '불법 수익금으로 볼 증거
가 없다'고 한 재판부의 판단 때문이다. 여성을 대상화, 상품화한
디지털 성범죄에 '몰카'니 '음란'이니 하는 가해자 중심 표현을
아무렇지도 않게 쓰는 우리 사회의 성 문화부터 반성하고 볼 일
이다.

거악이 된 성매매

디지털 성범죄가 끊이지 않는 원인으로 성 상품화가 실제로

돈이 된다는 점을 꼽을 수 있다. 우리 사회에서 성을 매개로 얼마나 큰 돈이 오가는지를 보여 주는 자료가 있다. 2015년 한국형사정책연구원이 추정한 한국의 성매매 시장 규모는 최대 37조 원이고, 미국의 암시장 전문 조사 업체는 한국 성매매 시장을 세계 6위로 평가했다. 2010년의 조사에 따르면 한국 남자 열 명 중 네 명이 성을 구매했고, 2018년 〈추적 60분〉의 취재 결과로는 포털에 등록된 성매매 업소의 수가 2393개로 전국 고등학교의 수보다 많다. 그리고 이 업소들이 가진 성 구매자 자료에는 무려 1800만 개의 전화번호가 담겨 있었다. 참고로, 한국 남성 인구가 약 2600만 명이다. 한국 성매매 문제의 핵심은 거대한 규모에 있다. 어마어마한 수로 힘을 과시하며 성매매 문화의 불법성을 정당화하고 일상적인 것으로 만들어 버리기 때문이다.

한국 성매매의 규모와 형태를 말할 때 일본을 빼놓을 수 없다. 대한제국 시기에 유곽과 요정 등 일본식 성매매 업소가 들어와 자리 잡았고, 1970년대에 성행한 '기생 관광' 상품의 가장 큰 고객이 일본 남성이었다. 특히 당시 정부는 기생 관광을 외화 벌이 사업쯤으로 여기고 여기 동원되는 여성들을 애국자라며 독려했다. 국가가 여성의 상품화에 앞장서고, 수출을 통해 성장하던 기업은 이에 화답하듯 외국 바이어 접대에 기생 관광 끼워 넣기를 관행으로 만들었다. 오늘날까지 회계장부의 지출 항목으로 남아 있는 접대비는 성 상품화와 관련되어 논란을 일으킨다.

2013년 한국형사정책연구원의 전국 성매매 실태 조사에 따르면 성매매 알선 업소의 추정치가 4만 4804개소인데, 이 중 유흥 주점이 1만 2654개소다. 그리고 이곳에서 알선하는 성매매 비율이 42퍼센트다. '2차'라는 이름의 성매매다. 노래방에서 불법적으로 '도우미'를 불러 영업하는 곳도 많다. 여성의 서비스에 성매매가 포함된다는 것을 상식으로 생각한다. 현재 법이 성적 서비스를 하는 여성의 존재를 분명히 하고 있다. '식품위생법 시행령'이 유흥 주점은 유흥 종사자를 둘 수 있다면서 "'유흥 종사자'란 손님과 함께 술을 마시거나 노래 또는 춤으로 손님의 유흥을 돋우는 부녀자인 유흥 접객원을 말한다."(22조) 하고 규정했다. 그리고 보건복지부의 '성매개감염병 및 후천성면역결핍 등 건강진단 규칙'을 통해 식품위생법에서 말하는 유흥 접객원이 의무적으로 매독과 임질 같은 성병외 감염 여부를 검사받도록 한다. 유흥 종사자의 성매매를 국가가 인정하고 관리한다는 뜻이다.

그런데 남성의 성욕이란 이렇게 사회적으로 해소책을 마련해 줘야 할 만큼 불가피하고 긴급한 것일까? 다른 나라는 어떨까? 캐나다는 2014년 '성 구매자 처벌법'을 도입해 도시에서 성매매 업소를 찾아보기 어렵다. 사실 부녀자를 접객원으로 두고 술을 따르고 흥을 돋우도록 법에 명시한 나라는 한국과 일본뿐이다. 성매매 규모의 차이를 만드는 것은 사회적 인식이지 남성의 본능이 아니다. 또한 남성 집단의 결속 방법으로 성 구매가 활용되고, 학습을 통해 성 구매가 당연한 것이 된다. 사회의 문화가 성매매를 용인하기 때문에 고등학교보다 많은 성매매 업소가 가능하다고 인식하는 것이 문제 해결의 첫걸음이다.

참고 자료

추적단 불꽃, 『우리가 우리를 우리라고 부를 때』, 이봄, 2020 | 신박진영, 『성매매, 상식의 블랙홀』, 봄알람, 2020 | 「익명의 여성들이 만든 '조주빈 40년' 결정적 장면들」,《한겨레21》, 2020년 11월 27일 | 이선희, 〈당신은 디지털 성폭력의 가해자가 되겠습니까?〉, 세바시 719회, CBS

어느 묵시록

오늘도 경계에 선다

아무도 눈치채지 못했지만 나는 알 수 있다.

당신의 바로 옆에서 이미 시작되었다.

그들은 온통 어둠으로 가득 차 있다. 전부 없애야 한다!

머지않은 인류의 주변은 너무나 고요하다.

인기척이 느껴지지 않는 도시,

작은 소리에도 온몸의 털이 곤두선다.

생존자는 나뿐인가?

숨을 죽이고 밖을 응시했다.

시간이 얼마나 지났을까?

그들은 분명 우리를 노리고 있을 것이다. 더는 환상이 아니다.

당국은 대체 뭘 하고 있지? 이대로 당할 순 없어.

정부가 곧 해결책을 찾는다지만 언제가 될지 기약할 수 없다.

모든 매체가 그들의 위협을 생생히 전하고 있다.

하지만 목격자들의 증언이 제각각이다.

입에서 입으로 무성한 소문만 퍼졌다.

모든 통로를 차단했다.

이제 무엇이 현실이고 거짓인지 알 수 없다.

상황 발생 한 달 후,

걸음걸이 · 낯빛 · 먹성 · 습성 · 언어.

여전히 그들의 모든 것이 두렵다.

그들은 엄연히 우리와 다른 존재.

"아뇨, 우리와 같은 사람이에요."

작은 목소리가 들렸지만 외면했다.

누군가는 공포에 사로잡혔고, 누군가는 높은 장벽을 세웠다.

또 다른 누군가는 깃발을 들고 외쳤다.

그들이 우리 마을을, 자랑스러운 이 도시를, 오래된 역사를
파괴할 것이라고.

살아남기 위해 오늘도 경계에 선다.
그들은 우리가 결코 될 수 없기에.

푸른 눈 갈색 눈 실험

"나와 다른 사람을 혐오합니까?" 문명사회에 사는 사람은 대개 이 질문에 그렇지 않다고 답할 것이다. 하지만 인간의 가치관은 연약하다. 조건이 조금만 바뀌면 생각과 태도가 달라진다. 권위 있는 사람이 '우리'와 '그들'을 갈라놓는 것만으로도 혐오가 시작된다. '푸른 눈, 갈색 눈' 실험이 이를 증명한다.

1968년 4월 5일. 평범한 금요일이었지만 미국 아이오와주 라이스빌의 초등학교 교사 제인 엘리어트Jane Elliott에게는 완전히 다른 날이었다. 바로 전날 멤피스에서 흑인의 자유와 인권을 부르짖던 마틴 루터 킹Martin Luther King 목사가 살해당했기 때문이다. 그동안 엘리어트는 교사로서 인종차별이 비합리적이며 나쁘다고 말해 왔다. 하지만 사람들이 말로는 차별이 나쁘다고 하면서도 계속 누군가를 차별하거나, 다른 사람이 차별하는 것을 용인하거나, 차별을 막기 위해 아무것도 하지 않는다. 엘리어트는 아이들에게 진짜 차별이 무엇인지, 어떤 기분이 들게 하는지, 사람에게 어떤 영향을 끼치는지 깊게 느끼는 교육이 필요하다고 생각했다.

그날 학교에 간 엘리어트는 3학년 아이들에게 직접 차별을 겪어 보겠느냐고 물었다. 아이들은 해 보고 싶다고 한다. 실험은 간단했다. 엘리어트가 반 아이들을 푸른 눈과 갈색 눈 집단으로 나누었다. 첫날은 푸른 눈을 가진 사람이 열등한 집단이 되고, 다음 날은 갈색 눈을 가진 사람이 열등한 집단이 되는 것이었다. 눈 색깔로 우열을 가른 것은 물론 차별의 근거가 얼마나 보잘것없는지를 보여 주기 위한 선택이다.

엘리어트가 첫날의 규칙을 말했다. 갈색 눈 아이들은 식수대를 평소처럼 쓸 수 있지만, 푸른 눈 아이들은 종이컵을 써야 한다. 갈색 눈 아이들은 쉬는 시간을 5분 더 가질 수 있다. 점심을 먼저 먹으러 갈 수 있고, 점심 먹는 줄에 누구랑 같이 설지 선택할 수 있으며 음식을 더 먹을 수 있다. 푸른 눈 아이들은 작은 실수라도 매섭게 지적하지만, 갈색 눈 아이들은 쉽게 칭찬한다.

실험 결과는 놀라웠다. 점심시간 즈음에는 누가 갈색 눈이고 누가 푸른 눈인지 생각할 필요도 없었다. 갈색 눈 아이들은 행복했고, 눈이 초롱초롱했다. 푸른 눈 아이들은 비참했으며 학업 능률이 떨어졌다. 겨우 몇 시간 만에 푸른 눈 아이들이 진짜 열등한 것처럼 보였다.

더 놀라운 것은, 갈색 눈 아이들이 전날까지만 해도 친구였던 아이들을 대하는 방식이었다. 갈색 눈 아이들은 실험을 위해 교사가 설명해 준 것을 바로 사실이라고 믿고는 푸른 눈 아이들을 멸시했다. 그리고 바로 다음 주 월요일에 맡은 역이 바뀌자 비슷한 일이 또 일어났다. 푸른 눈 아이들은 순식간에 우월해지고, 갈색 눈 아이들은 바로 비참해졌다.

아이들은 깨닫는다. 차별이 우리가 행동하는 방식에 영향을 끼친다는 것을. 행동하는 방식은 우리가 어떤 사람이 될지를 결정하기 때문에, 차별을 오래 지속하면 차별받는 사람을 바꿔 버린다. 즉 열등하기 때문에 차별받는 것이 아니라 차별이 그 사람을 열등해 보이게 하고, 이런 시간이 이어지면 그 사람이 진짜 열등해지고 마는 것이다.

엘리어트의 실험은 큰 반향을 불러일으켰다. 다음 해에 그녀가 다시 교실에서 진행한 실험은 다큐멘터리로 제작되어 전 세계에 알려졌다. 권위 있는 사람이 집단을 가르고 낙인을 찍는 것만으로도 차별은 시작된다. 엘리어트의 실험 뒤로 50년이 넘었지만 우리와 그들을 구분하고 낙인찍고 배제하는 문화가 여전히 존재한다. 다양성이 보장된 세상을 바란다면 이 실험의 교훈을 꼭 기억해야 할 것이다.

우리와 그들을 구분하고 낙인찍는 문화가 여전하지만, 차별에 반대하고 차별 금지를 법제화하려는 노력도 이어지고 있다. 2020년 6월, 장혜영 정의당 의원이 차별 금지법을 대표 발의했다. 곧이어 국가인권위원회는 국회에 '평등 및 차별 금지에 관한 법률' 제정 촉구 의견을 밝혔다. 차별 금지법이 처음 발의된 것은 2007년이다. 그 뒤 17~19대 국회에서 법안이 일곱 번 발의되었지만 번번이 입법은 무산되고, 20대 국회에서는 발의조차 안 됐다. 그러는 사이 혐오는 우리 귀에 익숙해지며 일상을 더욱 파고들었다.

이번에 발의된 법안을 '포괄적' 차별 금지법이라고 부르는 것은 기존 개별적 차별 금지법이 성별, 장애 등 몇몇 사유만을 다루거나 고용같이 영역이 한정된 것과 달리 고용, 교육, 재화 및 용역, 행정 서비스 등 전반적 영역에서 총 스물세 가지 차별의 영역을 포괄하기 때문이다. 발의된 법안은 차별을 '합리적인 이유 없이 성별, 장애, 나이, 언어, 출신 국가, 출신 민족, 인종, 국적, 피부색, 출신 지역, 용모 등 신체 조건, 혼인 여부, 임신 또는 출산, 가족 및 가구의 형태와 상황, 종교, 사상 또는 정치적 의견, 형의 효력을 잃은 전과, 성적 지향, 성별 정체성, 학력, 고용 형태, 병력 또는 건강 상태, 사회적 신분 등을 이유로 특정 개인이나 집단을 분리, 구별, 제한, 배제, 거부하거나 불리하게 대우하는 행위'로 정의한다.

이 법이 제정되면 차별에 대해 손해배상, 적극적 조치 등 구제가 가능해진다. 지금도 국가인권위원회가 차별을 조사하고 시정 권고를 내리지만 강제성이 없다는 것이 문제다. 예를 들어, 일부 대학에서 성소수자를 차별한 일에 관해 국가인권위원회의 차별 금지 권고가 있었지만 학교 측이 이를 수용하지 않고 다시 유사한 차별 행위를 했다. 만일 차별 금지법이 제정되어 시정 판결이 나왔다면 결과가 달랐을 것이다.

그런데 이런 구제 조치가 형사처벌은 아니다. 반대론자들은 차별 금지법이 제정되면 표현의 자유가 탄압되고 과도한 처벌이 내려진다지만 현재까지 발의된 차별 금지법안은 민사상 손해배상과 시정 조치를 통한 구제 제도를 두고 있다. 다만 '차별을 당했다고 신고한 사람에게 불이익 조치를 가하는 경우'는 문제가 된다. 차별에 문제 제기했다는 이유로 불이익을 준다면 차별 금지법의 취지 자체를 훼손하는 것이기 때문이다.

사실 OECD 34개 회원국 중 한국과 일본을 제외한 대부분의 국가에 이미 차별 금지법과 유사한 법이 존재한다. 미국과 영국,

독일, 호주, 캐나다 등이 저마다 이름은 달라도 포괄적 차별 금지법을 만들어 시행하고 있다. 차별 영역 중 '성적 지향'과 '성별 정체성'을 문제 삼아 차별 금지법을 강력하게 반대하는 일부 기독교계는 앞서 예로 든 나라들이 우리보다 기독교 전통이 약해서 차별 금지법을 시행하는지 생각해 보면 좋겠다. 세계 곳곳에서 아시아인을 코로나바이러스라고 부르는 것, 일본 정부가 북한의 군사적 행위를 이유로 재일 조선학교에 대한 보조금 지급을 중단하는 것 그리고 눈 색깔로 우열을 가리는 것처럼 성적 지향과 성별 정체성도 비합리적인 차별의 근거는 아닐지 말이다. 사람은 누구나 어떤 부분에서는 소수자고 약자일 수밖에 없다. 설사 성적 지향 면에서 주류에 속하는 사람도 신체 조건이나 정치적 의견, 출신 지역으로는 소수자일 수 있다. 결국 차별 금지법은 모두를 위한 법이다.

참고 자료

윌리엄 피터스, 『푸른 눈, 갈색 눈』, 김희경 옮김, 한겨레출판, 2012 | 「차별금지법 상정…장혜영 "코로나 시대 마스크 같은 법안"」, 《한겨레》, 2020년 9월 21일 | 「차별금지법이 동성애 조장? 보이지 않던 존재가 보이게 될 뿐」, 《한겨레》, 2020년 11월 16일 | 「차별을 두둔하는 사회는 금지되어야 한다」, 《프레시안》, 2020년 8월 31일 | 「당신이 모르는 '차별금지법'의 실체」, 《오마이뉴스》, 2020년 6월 20일

프랑켄슈타인의 괴물

진정한 공포란 무엇인가

1816년 무더운 여름밤, 스위스의 호숫가 별장에서
무서운 이야기가 시작된다.

이마와 목에 박힌 나사못, 초록 피부에 꿰매다 만 얼굴,
커다란 덩치에 어눌한 말투.
소름 끼치는 끔찍한 외모와
너무 현실적인 괴물의 탄생 과정.
하지만 무엇보다 무서운 것은,
혼자 프랑스어를 익힐 정도로 똑똑하고
문학작품을 읽고 감동할 줄 알고

물에 빠진 소녀를 구하는 따듯한 마음을 가졌음에도
끔찍한 외모 때문에 소외된 존재가 겪는
극한의 공포와 외로움.

최초의 페미니스트와 최초의 무정부주의자를 부모로 둔,
남성 중심 사회에서 소외되었던 19세기 비주류 여성
메리 셸리Mary W. Shelley.

셸리는 1818년에 완성한
『프랑켄슈타인Frankenstein』을 익명으로 발표했다.
셸리가 피조물이라 쓰고
탄생 후 200년 동안 대다수가
프랑켄슈타인으로 잘못 알고 있던
이 괴물의 이름도 없다.

아무도 묻거나 궁금해하지 않던 괴물의 이름을 채우는 것은
다수가 소외하고 핍박한 사람들.
이것이 200년이 지난 오늘까지
프랑켄슈타인의 괴물 이야기가 계속되는 이유.

작가는 말한다.

"치명적인 편견이 그들의 눈을 가려

다정하고 상냥한 친구 대신 징그러운 괴물만을 보게 되지요."

괴물은 말한다.

"어디로 걸음을 옮겨야 할까?

인간들에게 혐오와 멸시를 받는 내게는

세상 어디나 똑같이 끔찍할 게 분명했소."

괴물이 생각하게 하는 것

18세기 말 『여성의 권리 옹호A Vindication of the Rights of Woman』를 통해 성평등을 주장해 최초의 페미니스트로 불리는 메리 울스턴 크래프트Mary Wollstonecraft는 이름을 물려준 딸 메리를 낳고 며칠 만에 사망한다. 남편 윌리엄 고드윈William Godwin은 1세대 무정부 주의자며 '교육의 목적은 행복을 창출하는 것'이라고 정의할 만 큼 자유주의 교육관을 가진 철학자. 울스턴크래프트와 결혼한 뒤에도 부부가 서로 독립적인 삶을 존중하며 자유롭게 산 만큼 그는 딸이 일찍 여읜 어머니로부터 받은 사상적 유산을 죽음의 어둠 속에 묻어 두지는 않았을 것이다. 〈와즈다〉를 감독해 페미 니스트 영화감독으로 알려진 하이파 알 만수르는 딸 메리의 삶 을 그린 영화에 모녀가 고드윈의 서재에서 『여성의 권리 옹호』 를 매개로 함께하는 장면을 넣었다. 시대와 불화할 수밖에 없던 페미니스트 어머니의 영향이 작지 않음을 나타낸 것이다.

메리는 아버지 고드윈에게 다양한 학문을 배우고 책을 읽고 글을 쓰며 성장하고, 아버지의 제자이자 시인인 퍼시 셸리Percy B. Shelley와 사랑에 빠진다. 뒤늦게 그가 유부남이라는 사실을 알게 되고 아버지의 반대를 겪지만 사랑을 선택해 도피 여행을 떠나고, 이 여행 중에 스위스 제네바 호숫가에 자리한 시인 조지 고든 바이런George Gordon Byron의 집에 머문다. 그리고 어느 날, 궂은 날씨 때문에 집에 갇힌 사람들이 심심풀이 삼아 괴담을 지어 보기로 한다. 바로 이때 메리가 소설『프랑켄슈타인』의 뼈대를 잡는다.

『프랑켄슈타인』을 세상에 발표한 1818년에 메리의 나이는 열아홉 살. 세상은 어머니 메리가 살던 때와 크게 달라지지 않아, 여자가 자기 이름을 걸고 창작 활동을 하기는 어려웠다. 게다가 첫 번째 공상과학소설로 평가받을 만큼 기괴한 내용에 당시 출판사들은 여성이 쓴 작품으로 볼 수 없다며 출판을 거절했고, 결국『프랑켄슈타인』은 작가의 이름 없이 메리의 연인 셸리가 쓴 서문과 함께 출판되었다. 그런데 소설 속 괴물도 이름이 없다. 프랑켄슈타인은 시체의 살점을 이어 붙여 괴물을 창조한 과학자의 이름이다.

『프랑켄슈타인』이 출판 직후부터 인기를 끈 데는 과학기술의 발달로 산업혁명이 시작된 시대적 배경이 작용했을 것이다. 소설에 붙은 '현대의 프로메테우스'라는 부제의 주인공처럼 프랑켄슈타인은 신을 거역하고 그 영역에 도전해 생명, 괴물을 창조했다. 괴물의 외모와 비극적 서사 때문에 메리가 과학기술을 혐오했다는 말이 많았지만, 과학자의 책임과 윤리를 환기한 것으로 본다면 지극히 자연스럽다.

또한 오해의 결과지만 창조자와 창조물의 정체성(이름)이 뒤섞이며 진짜 괴물이 누구인지 그리고 무엇으로 존재를 평가해야 하는지 생각하게 한다는 점에서 메리의 삶을 떠올리게 된다. 자의식 강한 페미니스트 작가지만 세상이 보는 메리는 참정권 없는 2등 시민, 게다가 나이까지 어린 여자일 뿐이었다. 남성만 못하면 무시당하고, 남성보다 뛰어나면 의심받고 욕을 먹는다. 낯설어서 배척당하고 고유성을 인정받지 못한 점에서 괴물은 메리의 분신과도 같다.

정치철학자 이현재가 새로운 페미니스트들을 '규정할 수 없는 존재'라는 점에서 '비체非體, abject'라고 명명했다. 비체는 '대상이 아닌 주체로서 공포스럽고 더러운 것'으로 여겨지며 '기존의 언어와 질서로는 파악할 수 없는 존재'다. 이들은 특정 정체성을 공유하지 않고 저마다 다른 자리에 있는 '분절된 타자'지만 '상대방이 나와 다르다는 것을 인정'하며 서로 의존하고 '연결된 존재라는 것을 받아들이는' 공감을 통해 연대한다. 그렇다면, 사람들에게 낯설고 공포스럽던 메리와 그녀의 괴물에게서 비체가 보인다. 이때 비체는 새로운 세상을 만드는 가능성이다.

1969년 6월 28일 새벽, 미국 뉴욕 그리니치빌리지의 게이바 '스톤월'에 경찰이 급습해 동성애자들을 마구 체포했다. 경찰의 불법적 단속은 일상이었다. 스톤월을 안식처로 여긴 게이, 레즈비언, 트렌스젠더, 양성애자 들이 더는 참을 수 없었다. 당시 미국 사회는 동성애자를 공공연하게 차별했다. 동성애자는 일자리를 구할 수 없었으며 동성애 사실이 알려지면 군대나 대학에서 쫓겨났다. 동성애자는 체포되는 사진까지 신문에 실려 공개적으로 모욕당해야 했다. 동성애자 2000명과 뜻을 같이하는 시민 400명이 모여 1주일간 경찰과 대치하며 부당한 대우에 저항했다.

스톤월 항쟁으로 불리는 이 사건을 통해 성소수자들은 자신의 존재를 드러내고 싸워야 한다는 것을 알게 되었다. 1년 뒤인 1970년 6월 뉴욕 센트럴파크에서는 미국 역사상 최초의 동성애자 퍼레이드가 펼쳐졌고, 이 물결이 삽시간에 전 세계로 퍼졌다. 성소수자들이 6월을 축제 기간처럼 여기는 이유다. 2016년 6월에는 버락 오바마Barack Obama 미국 전 대통령의 제안에 따라 '스톤월'과 주변 공원이 동성애자 인권 운동의 발상지로서 국가기념

2019년 6월 30일, 스톤월 항쟁 50주년을 맞아 사상 최대 규모로 뉴욕에서 열린 성소수자 축제 '월드 프라이드 퍼레이드'.

물로 지정되었다.

소수자 인권과 관련해 기억할 만한 이름이 또 있다. 뉴욕 출신 정치인 하비 밀크Harvey Milk. 1970년대 초반, 연인과 샌프란시스코로 이주해 작은 가게를 운영하면서 동성애자 인권을 위해 활동하던 밀크가 동성애자를 대변하는 정치인이 필요하다고 깨닫는다. 그래서 시의원 선거에 출마하는데, 세 차례 낙선을 겪고 1977년에 샌프란시스코의 시의원이 된다. 미국 역사상 커밍아웃한 동성애자 남성으로서 선출직 공직자가 된 경우는 그가 처음이다. 보수 기독교계의 거센 공격이 있었지만, 그는 동성애자 인권 조례를 통과시키는 데 주도적 구실을 한다. 하지만 시의원에 당선하고 1년도 안 됐을 때, 동성애를 반대하던 동료 의원의 총에 살해당하고 만다. 그를 죽인 댄 화이트Dan White는 자신의 뜻을 이뤄 승리했다고 생각했을지 몰라도 진정한 승리자는 밀크다. 2009년에 캘리포니아주가 그의 생일인 5월 22일을 '하비 밀크의 날'로 정하고, 2016년에 미국 해군이 군함에 하비 밀크라는 이름을 붙였으며, 2019년에는 샌프란시스코 국제공항에 하비 밀크 터미널1이 생겼다. 무엇보다 부당하게 차별받은 수많은 사람들이 그를 통해 자신을 당당하게 드러낼 용기를 내며 세상을 바꾸고 있다. 그의 이름을 기억한다는 것은 동성애자의 인권을 존중한다는 뜻이다.

이렇게 보면 성소수자의 목소리가 커진 듯하지만 아직 충분하지 않다. 영화배우 '엘런' 페이지Ellen Page가 2020년 12월, 자신이 트랜스젠더 남성이 되어 이제 '엘리엇Elliot' 페이지라고 밝히면서 트랜스젠더가 겪는 혐오와 폭력에 대한 두려움을 언급했다. 2020년만 해도 트랜스젠더 40명 이상이 살해되었고, 그중 대다수가 흑인이나 라틴계 여성이라는 것이다.

여성, 동성애자, 트랜스젠더 등 대상이 달라도 혐오는 같은 맥락에 있다. 나와 다른 존재를 별난 소수로 몰아 차별이 정당한 것처럼 보이게 하기 때문이다. 하지만 역사는 우리가 점점 더 다양한 존재를 받아들이는 쪽으로 가고 있다고 말한다. 이웃을 '괴물'로 보지 말라는 세상의 요구가 우리 앞에 있다.

참고 자료

메리 셸리, 『프랑켄슈타인』, 진형준 옮김, 살림, 2018 | 윌리엄 고드윈, 『질문하는 법』, 박민정 옮김, 유유, 2020 | 〈메리 셸리: 프랑켄슈타인의 탄생〉, 하이파 알 만수르 감독, 2017 | 〈밀크〉, 구스 반 산트 감독, 2008 | 〈스톤월〉, 롤랜드 에머리히 감독, 2015 | 「동성결혼 합헌까지 그 투쟁의 역사…'마음을 얻다」, 《헤럴드경제》, 2010년 8월 18일 | 「새로운 페미니스트 '비체'가 오다」, 《여성신문》, 2017년 1월 4일 | 「더러운 주체 '비체'…페미니즘의 주역이 되다」, 《한국일보》, 2016년 11월 11일 | 「넷플릭스, 엘리엇 페이지 커밍아웃에 "우리의 수퍼히어로"」, 《미디어오늘》, 2020년 12월 2일

GENDER

5

미래가
현재에게

SPECTRUM

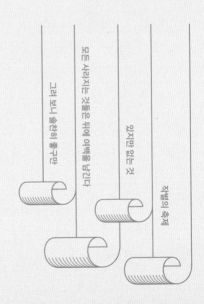

그려 보니 솔찬히 좋구만

모든 사라지는 것들은 뒤에 여백을 남긴다

있지만 없는 것

작별의 축제

작별의 축제

성실, 순결, 봉사

1895년 고종황제가 발표한 교육입국조서에 따라 세워지는
근대식 학교.

그리고 학교의 이념과 목표를 드러내는 교훈의 제정.

1900년대 초에는 신학문과 신기술을 배우며

덕, 체, 지를 기르는 새 시대의 인재가 필요했다.

1910~1945년 일제강점기에는 순종적인 인재 양성을 위해

성실, 순결, 협조, 충효.

1950년대 한국전쟁 이후 나라를 재건하기 위한

근면, 부지런, 협동.

1970~1980년대에는 윤리, 도덕을 강조하기 위한

바르게, 정직, 인내.

학교 설립 당시 만든 교훈을 날마다 마주하는 지금 학생들.
"입학할 때부터 다들 궁금했어요. 교훈에 왜 순결이 있을까?"
"성실, 순결, 봉사라는 교훈을 바꿔 주세요."

2018년 7월, 춘천여고 학생회장단의 공약 중 하나는
'교훈을 우리 손으로'.
열렬한 지지 속에 공약을 이행하려 했지만 반대에 부딪혔다.

"순결은 깨끗한 마음가짐과 정신을 뜻하는 것이니,
아무런 문제가 없다고 봅니다."
"84년을 간직한 교훈인데 쉽게 바꿔서는 안 됩니다."

회의와 토론으로 보낸 3개월, 총동문회가 마음을 바꿨다.
"교훈선정위원회를 통해
학생들의 의견에 귀를 기울이게 되었어요.
젊은 세대의 생각이 깊다는 걸 느꼈고,
후배들에게서 새로운 비전을 보게 된 것 같아
기쁜 마음으로 새로운 교훈을 결정하게 됐습니다."

2019년 4월 9일, 새 교훈을 결정하고 가장 먼저 한 일은
옛 교훈 환송식.
85년간 함께한 교훈을 기쁜 마음으로 보냈다.

춘천여고의 새 교훈은

'꿈을 향한 열정, 실천하는 지성'이다.

존중에서 다시 시작

한국 사회는 오래전부터 여성에게 순결을 요구했다. 결혼 전에 성관계 경험이 없는 상태를 유지하는 것을 순결, 즉 깨끗한 상태라고 보고 이를 지키는 것을 명예로 여기는 식으로 여성을 통제한 것이다. 사회는 순결을 지킨 여성만을 인정했다.

1955년, 해군 장교 출신 26세 청년 박인수가 여성 70여 명을 희롱해 '혼인빙자간음죄'로 구속 기소됐다. 재판장이 읽은 1심 판결문은 이렇다. "피고인 박인수의 '혼인빙자간음죄'는 무죄로 한다. 법은 정숙한 여인의 건전하고 순결한 정조만을 보호할 수 있다." 처녀가 아니면 강간을 당해도 보호할 가치가 없다는 뜻이다.

1999년, 하굣길 여고생을 집에 데려다주겠다며 트럭에 태워 강간한 남성에게 1심에서 실형이 선고되었다가 2심에서 집행유예 판결이 내려졌다. 감형 이유는, 초범인 데다 깊이 뉘우치고 있으며 양가에서 둘의 결혼에 합의했다는 것. 가해자를 처벌하기는커녕 순결을 잃었으니 그 순결을 가져간 강간범과 평생 살라는 어처구니없는 형벌을 가족과 사회가 피해자에게 내렸다.

사회는 이런 순결 이데올로기를 바탕으로 여성에게 몸가짐을 조심하라고 요구하며 한번 몸을 버리면 인생을 망친 것이라는 생각을 주입한다.

한편 남성에게는 여성에 대한 비하, 혐오 표현과 여성을 대상화하는 부적절한 영상이 일상적이다. 2015년에 소설가 장 모 씨가 페이스북에 자신이 '몰카와 유출 영상을 본다'고 당당하게 밝히며 이렇게 말했다. "그런 걸 보는 게 별로 아름다운 일이 아니라는 건 알지만 보지 않겠노라 결심할 생각은 없다." 누군가에게는 평생의 고통이 될 수 있는 디지털 범죄를 보고 감상적으로 포장하는 데 죄책감을 느끼지 않는 것이다. 여성의 몸에 등급을 매기면서 품평하는 것도 별스럽지 않은 일이다. 2019년에 드러난 서울교대 집단 성희롱 사건에서 일부 학과의 남학생들이 여러 해에 걸쳐 여학생들의 얼굴을 평가하는 등 성희롱 자료를 만든 사실이 밝혀졌다. 남자 재학생들이 남자 졸업생들과 함께하는 대면식에서 졸업생들에게 제출하려고 만든 것이다. 교사가 되려고 공부하던 재학생과 졸업생 들이 이 자료를 바탕으로 여학생들의 나이와 동아리 활동 등 개인 정보를 공유하고 외모에 등수를 매겼다. 이 성희롱에 동참한 졸업생 중에는 현직 교사도 있었다.

여성에게는 순결을 지나치게 강요하면서 남성의 성욕에는 한없이 관대한 순결 이데올로기의 이중성은 이렇게 많은 문제를 일으켰으며 일으키고 있다. 이상화된 순결에 대한 집착은 아동 대상 성범죄와 무관하지 않다. 순결은 여성만의 문제가 아니다.

이와 관련한 대상화, 상품화가 최악으로 치달으면 강간범이나 성 착취로 돈을 버는 범죄자다. 여성이 '그러면 안 된다'는 편견과 힘겹게 싸우듯이 남성이 '그래야 한다'는 편견과 싸우는 것도 쉽지 않은 일이다. 여성성이나 남성성이 아니라 우리 모두의 인간성을 회복하려면 용기가 필요하다. 성적 관계의 두 주체가 평등하지 않으면 건강하고 즐거운 성을 경험할 수 없다. 정숙해야 한다는 압박 속에서 자기 몸의 소리에 귀를 기울이고 욕망을 솔직하게 표현하기는 어려울 것이다. 관계의 상대를 욕구 해소의 대상이나 도구로 보면서 진정한 소통을 바랄 수도 없다. 섹스는 몸과 마음의 소통이다. 성적 정체성이 여성이든 남성이든 레즈비언이든 게이든 양성애자든 트랜스젠더든 행복한 성관계를 바란다면, 사회가 덧씌운 이데올로기에서 벗어나 자유로우면서도 상대를 존중하는 법부터 배워야 한다.

섹스를 연주처럼

남성이 섹스를 즐기면 그냥 호색한이라고 부르지만, 여성이 섹스를 즐기면 사람이 아니라 걸레가 된다. 이는 남성과 여성에게 다른 잣대가 적용된다는 것을 보여 준다. 그리고 성적 쾌락을 남성만의 것으로 보는 사고방식이 있다. 여성의 섹스가 여성 자신보다는 남성을 육체적으로나 정서적으로 만족시키기 위해 존재한다고 생각하는 것이다. 그래서 여성이 섹스를 '즐겼다'고 당당하게 표현하면 일종의 규칙 위반이 된다. 이렇게 규칙을 위반한 여성에게 찍는 낙인이 바로 '걸레', '헤픈 년'이다.

섹스를 즐기는 여성을 더럽다고 보는 사회 분위기는 당연히 여성에게 순결을 강요하는 문화와 연결된다. 흔히 순결을 윤리의 문제라고 생각하지만, 순결 이데올로기는 경제 논리에 가깝다. 어리고 섹스 경험이 없는 여성의 몸에 가장 높은 값을 매기고, 이 값을 떨어트리지 말라는 메시지를 주기 때문이다. 처녀성에 대한 집착을 드러내고 여성을 음식에 비유하는 표현이 여전히 함부로 쓰인다. 2019년 말 서울의 한 신학대 교수들이 여성 강사를 두고 '난 영계가 좋지, 노계는 별로'라고 말하고 여성의 순결에 대해 '한 번 풀어 본 선물이나 여러 번 풀어 본 선물'은 다를 수 있으니 잘 간직해야 한다고 해 논란이 일었다. 사적인 자리의 잡담이 아니라 이 대학의 채플 시간 강단에서 나온 말이다. 사정이 이럴수록 교육이 중요하기 때문에, 성별에 대한 낡은 고정관념에서 벗어나 모두가 평등하고 행복한 관계를 지향하는 섹스 모델을 발굴할 필요가 있다.

『예스 민즈 예스Yes Means Yes』에서 토머스 매콜리 밀러Thomas MacAulay Millar가 음악가의 연주를 예로 들며 참신한 시각을 제시한다. 어린 시절부터 연습을 거듭하며 실력을 쌓은 음악가가 성인이 돼 다양한 사람들과 연주한다고 생각해 보자. 이 사람의 첫 연주는 대단치 않을 수 있다. 처음에 그녀는 너무 긴장한 탓에 스스로 뭘 하는지 잘 몰랐을 수도 있다. 그러나 계속 배우고 연주하며 다양한 음악가를 만나 영향을 주고받는 가운데 실력이 나아진다. 시간이 흘러 나이가 들수록 자기만의 연주 방식을 찾고 악기를 잘 다루게 된다. 비로소 음악가는 연주가 무엇인지 알고 진정한 기쁨을 느낄 수 있게 된다. 연주를 준비할 때나 연주 중에나 다른 연주자를 배려하지 않고 자기주장만 내세우면 좋은 음악이 나올 수 없다. 자, 이제 연주라는 단어 자리에 섹스를 넣어 보자. 똑같은 섹스는 없다. 첫 경험뿐만 아니라 모든 섹스가 기대되고 소중한 것이 된다. 그리고 지배와 폭력 대신 배려와 소통에 기초한 섹스는 성별을 떠나 모두에게 이득이다.

성관계도 사람 사이의 관계라는 점을 생각하면, 다른 모든 인간관계와 마찬가지로 성관계가 나와 남의 차이를 인정하고 존중하는 데서 출발한다는 사실이 분명해진다. 다른 모든 인간관계와 마찬가지로 더 좋은 성관계를 위해서는 학습과 연습이 필요하다. 『당신의 섹스는 평등한가요?』를 기획한 페미니스트 기혼 여성 모임 〈부너미〉의 이성경 대표는 '섹스가 특별하지 않다'며

'수학 공식을 배우듯, 영어 문법을 배우듯 성실히 배워야 할 삶의 한 분야'라고 말한다. 그리고 섹스의 즐거움도 긍정해야 함을 일 깨운다.

"프랑스는 2017년부터 성적 쾌락을 느끼는 기관을 초중고 교 과서에 소개하고, 중학교 교실에서는 교사가 학생들에게 섹스 하면 떠오르는 단어를 적어 보라 했더니 가장 많은 답변이 '플레 지르plaisir(기쁨)'이었다고 한다. 불안과 걱정을 유발하며 방어적 인 태도로 성을 가르쳤다면 나올 수 없는 반응이다. 섹스가 즐거 운 것이라고 가르치는 것을 두려워하지 말자. 즐겁고 건강하게 성생활을 누리며 살 수 있도록 성 가치관을 키워주는 게 성교육 의 목표이지 않은가."

참고 자료

재클린 프리드먼·제시카 발렌티 엮음, 『예스 민즈 예스』, 송예슬 옮김, 아르테, 2020 | 벨 훅스, 『모두 를 위한 페미니즘』, 이경아 옮김, 권김현영 해제, 문학동네, 2017 | 「미투 피해 키우는 '정조 이데올로 기', 일제강점기 때 시작됐다」, 《동아일보》, 2018년 4월 11일 | 「"정조에 관한 죄는 사라졌나」, 《여성 신문》, 2016년 9월 30일 | 「1955년 7월 22일 "법은 정숙한 여인의 정조만 보호" 박인수 사건」, 《경향 신문》, 2014년 8월 21일 | 「"여성 순결이 선물? 영계가 좋아?…교수님 맞나요"」, CBS, 2019년 11월 19일 | 「"나는 '몰카' '유출영상'만 본다" 소설가 페북 파문」, 《국민일보》, 2015년 12월 29일 | 「여학생 들 성희롱한 서울교대 국어교육과 남학생들 유기정학」, 《서울신문》, 2019년 5월 11일 | 「"섹스는 즐 거운 것" 두려워 말고 가르칩시다」, 《여성신문》, 2020년 8월 28일

'있지만 없는' 것

성 경험 있는
청소년의
피임 실천율
25퍼센트,
성 경험 후
임신한 여학생의
낙태 비율 81퍼센트.

학교에서 배제된 피임 교육

감시를 위해 청소 중이던 아들 방에서

엄마는 쿵, 가슴을 내려앉게 한 물건을 발견한다.

정체는 비타민.

하지만 아들이 이성 교제를 시작한 후 마음 졸이던

엄마의 눈에는 콘돔으로 보인다.

엄마는 고민한다.

'만약 콘돔이었다면 어떤 말을 나눠야 하지?

정자와 난자의 만남? 묻지도 따지지도 말고 순결?'

급한 마음에 검색을 시작하자 마주하게 된 단어는 '랩 콘돔'.

콘돔을 구하지 못한 10대들이 임시방편으로

비닐봉지나 랩을 활용해 만든 콘돔 대용품이다.

아이들이 말한다.

"콘돔을 구하지 못해 랩으로 싸고 했는데 너무 불안해요."

"비닐이 살짝 찢어진 것 같은데 임신 가능성이 있나요?"

"비닐은 비위생적이라던데 깨끗이 씻으면 괜찮나요?"

14~19세 청소년 100명 중 5명은 성 경험이 있다.

성 경험 있는 청소년의 피임 실천율 25퍼센트,

성 경험 후 임신한 여학생의 낙태 비율 81퍼센트.

— 질병관리청 청소년 건강 행태 조사, 2013~2016

온라인에서 피임법을 찾고 산부인과 앞을 서성이다가

갓 태어난 아이를 버리는 비극.

그럼에도 우리는 회피는 기본, 협박은 능사.

'있지만 없는' 아이의 성 그리고 성교육.

호기심을 부추긴다고, 성관계를 조장한다고

학교에서 배제된 피임 교육.

하지만 '피임 교육의
핵심은
청소년이 자기
자신을 지킬 수
있도록 하는 것'이다.

— 이충민, 〈푸른아우성〉 청소년 성교육 전문가

성교육이 필요한 어른들

우리나라에서 학교 성교육은 보건 영역이다. 보건교사가 두 학기에 열다섯 시간 정도 성교육을 하는데, 부족한 시간 때문에 이미 학생들이 다 아는 난자와 정자의 만남이나 몽정과 생리에 관한 이야기를 반복할 뿐이다. 그나마 정해진 시간을 다 채우지 못하는 학교도 많다. 입시 준비 때문에 성교육 시간에 자율 학습을 하거나 체육 시간에 형식적인 성교육을 하고 마는 것이다.

이런 성교육에 학생과 학부모가 만족할 리 없다. 2018년 여성 가족부 조사에 따르면, 청소년 1만 5657명 중 61.8퍼센트가 '학교에서 이뤄지는 성인용 콘텐츠 피해 예방 교육이 도움이 안 된다'고 답했다. 초·중·고 학부모 308명이 참여한 설문 조사에서는 응답자의 67.2퍼센트가 '학교 성교육에 만족하지 못한다'고 답했다. 그런데 청소년 6만 40명을 대상으로 한 청소년 건강 행태 조사 통계(2018)에 따르면, 성관계를 시작하는 평균 연령이 13.6세다. 제대로 된 성교육의 필요성을 보여 주는 대목이다.

유네스코의 국제 성교육 지침서는 다섯 살 때부터 성교육을 하라고 권한다. 그리고 5~12세 아동을 위한 교육 내용으로 '다양한 결혼 방법, 생물학적 성과 젠더의 차이, 성 및 재생산 건강과 관련한 몸의 부분 묘사하기, 성기가 질 속에 사정하는 성관계의 결과로 임신할 수 있음을 알기, 신체적 접촉을 통해 쾌락을 느끼는 방식 설명하기' 등을 제시한다. 유네스코는 2016년 옥스퍼드 대학의 연구 결과, 성교육을 통해 성행위 시작 시기 지연·성행위 빈도 감소·성 파트너 수 감소·피임 증가와 같은 효과가 나타났다고도 밝혔다.

세계 최초로 성교육을 의무화한 스웨덴에서는 만 4세에 성교육을 시작하고, 중학교 때부터는 피임 교육을 하며 콘돔을 무료로 나눠 준다. 성을 수치스러워하거나 감추는 게 아니라 자연스럽고 정확하게 알려 줘야 한다는 인식의 결과다. 현재 스웨덴의 10대 임신율은 세계 최저 수준이다. 독일, 핀란드, 일본 등 교육 선진국으로 불리는 나라는 대부분 다양한 주제를 아울러 성교육을 하고 있다. 인간의 자율성과 연결되는 성을 정확하게 가르치지 않고는 민주 시민을 길러 낼 수 없기 때문이다.

우리나라는 국가 차원의 성교육 자체가 왜곡되어 있다. 2015년에 교육부가 6억 원을 들여 만들었다며 내놓은 성교육 표준안이 '이성 친구와 단둘이 있는 상황을 만들지 않는다'거나 '남성의 성에 대한 욕망은 때와 장소에 관계없이 충동적으로 급격하게 나타난다'는 등 성차별적 내용을 담아 오히려 성교육의 걸림돌이 된다는 비난을 샀다.

한편 2020년 8월에 한 국회의원이 『아기는 어떻게 태어날까? Sådan får man et barn』를 비롯해 '나다움 어린이책'이 '조기 성애화 우려'가 있고 '동성애, 동성혼을 미화하고 조장하는 내용'이라는 의견을 내놓았다. 아동문학 작가와 평론가, 초등학교 교사 등이 1년간 함께 기획하고 심사해 뽑은 나다움 어린이책은 몸과 성장에 관한 이해를 높이고, 사회적 약자를 존중하며, 차별과 편견을 깨는 내용의 책들이지만 단 하루 만에 사라져야 했다. 다음 날, 여성가족부에서 문제가 된 7종 모두를 회수하기로 결정했기 때문이다.

성교육과 관련해 일어난 두 가지 소동은 국가가 성교육을 기획하고 집행할 준비가 안 됐다는 사실을 알려 주었다. 성교육은 성에 관한 지식 못지않게 그것을 전달하는 태도가 중요하다. 성담론을 둘러싸고 의견 차이가 있을 때 일방적인 주장만 내세우거나 아예 입을 닫고 숨기보다는 자연스럽고 덤덤하게 차이를 인정하고 서로 만족할 만한 해결책을 찾기 위해 소통하는 모습을 보이는 것이 바로 성교육의 출발점일 수 있다.

청소년은 성적 존재다

청소년페미니즘네트워크 '위티WeTee'는 '나는 섹스하는 청소년입니다'라는 제목으로 대안적 성교육을 기획했다가 테러에 가까운 전화와 문자에 시달렸다. 주로 '학생의 본분은 공부지 섹스가아니'라거나 위티의 교육이 '나라의 미래를 망치는 악'이고 '미래의 가정을 파괴하는 행위'라는 주장이 쏟아졌다. 사회와 어른들은, 청소년들이 성관계를 10대 초반에 시작한다는 조사 결과가있는데도 현실을 외면한 채 성에 대해서는 무조건 침묵하기를바란다. 사실 이런 태도는 청소년보다 어른 자신이 편하기 위한것이다.

지금 기성세대가 경험한 성교육은 금욕 교육에 가까웠다. 어두컴컴한 시청각실에 여자아이들만 모아 놓고 편견 가득한 영상을 보여 준다. 남자랑 어울려 놀다 성폭행을 당하면 큰일 난다는메시지를 담거나 끔찍한 낙태 장면을 통해 죄책감을 자극하는식이다. 극단적인 경우에는 '순결 캔디'라는 것을 나눠 주면서 그걸 먹고 결혼 전까지 순결을 지키겠다고 약속하게 하기도 한다. '청소년순결운동본부'라는 곳에서 1990년대에 유행시킨 순결 캔

디의 뒷면에는 이런 글귀가 있었다. "우리 사회에 깊이 확산되어 가고 있는 각종 퇴폐 요소와 유해 환경으로부터 청소년들을 보호하고 순결한 학생상을 정립하여 미래의 이상 가정 및 사회와 국가를 이루기 위해 만든 순결 캔디입니다." 유해 환경으로부터 청소년을 보호하려면 유해 환경을 없애면 될 일이다.

다양한 젠더를 고려하지 않아 공정하지 못하고 가해 예방은 없이 피해 예방과 금욕만 강조하는 점에서 논리적이지 않은 성교육이 유효하지도 않다는 것은 이미 증명되었다. 미국 매스매티카정책연구소MPR가 10년간 동향을 추적한 끝에 2007년에 펴낸 보고서에 따르면, 금욕 성교육을 받은 청소년과 그렇지 않은 청소년의 성관계 경험이 엇비슷했다. 또 영국 옥스퍼드대학의 증거기반중재센터는 금욕 성교육이 청소년의 임신이나 에이즈 감염을 예방하는 데 효과가 없었다는 연구 결과를 발표했다.

유네스코 국제 성교육 지침이 구시대 성교육의 대안으로 제시하는 것은 '여성과 남성의 신체 구조의 차이와 같은 생물학적 특징만을 다루는 것이 아닌, 인간의 생애에서 성과 관련된 모든 경험을 포괄하는 교육', 즉 포괄적 성교육이다. 이 성교육의 특징은 네 가지다. "첫째, 어린 나이에서부터 시작하는 지속적·점증적 교육과정으로 이전에 학습한 것을 바탕으로 새로운 정보를 점점 쌓아 나갈 수 있다. 둘째, 성평등에 기초한다. 셋째, 아동과 청소년의 권리를 포함하여 모든 개인의 건강권, 교육권 및 차별 금지와 같은 보편적 인권에 대한 이해를 증진한다. 넷째, 정보에 근거한 의사 결정 능력·효과적인 의사소통과 협상 능력 등 건강한 선택을 하는 데 필요한 능력을 기를 수 있도록 한다." 이런 특징에서 성교육이 인권 교육과 닿아 있다는 것이 보인다. 성이 자연스러운 삶의 일부이기 때문이다.

참고 자료

박상옥 외, 『젠더 감수성을 기르는 교육』, 민들레, 2020 | 김동진 외, 『N번방 이후 교육을 말하다』, 김동진 기획, 학이시습, 2020 | 재클린 프리드먼·제시카 발렌티 엮음, 『예스 민즈 예스』, 송예슬 옮김, 아르테, 2020 | 「자위법·피임법 가르쳐야 vs 몸만 초점 안 돼…성교육 답은」, 《중앙일보》, 2020년 11월 8일 | 「정자·난자 만난 얘기 말고 '진짜 성교육' 필요해요」, 《한겨레》, 2019년 3월 12일 | 「1970년대 수준조차 못 받아들이니, 어떻게 성교육하란 말인가」, 《경향신문》, 2020년 9월 12일 | 「청소년은 왜 성을 말하면 안 될까?」, 《여성신문》, 2019년 10월 25일 | 「미 골칫거리 10대 임신, 급감한 이유는?…금욕보다는 피임」, 《헤럴드경제》, 2016년 9월 8일 | 「유네스코 국제 성교육 가이드가 제시하는 '포괄적 성교육'」, 유네스코한국위원회 공식블로그

모든 사라지는 것들은
뒤에 여백을 남긴다

고정희

우리들 가슴속의 수문을 열자

이제부터 인생이 무어냐고 묻거든

허튼삶 삽질하는 힘이라 말해줘

이제부터 목숨이 무어냐고 묻거든

허튼넋 몰아내는 칼이라 말해줘

대쪽 같은 사람들아

금쪽 같은 사람들아

각자 목숨에 달린 허튼밥줄 가려내!

— 고정희高靜熙, 「밥과 자본주의: 몸바쳐 밥을 사는 사람 내력 한마당」 중

예쁘지도 편하지도 않은 시가 껴안은 것은

1980년 광주, 반독재, 분단 극복, 노동 현실, 여성.

12년간 열한 권의 시집을 발표하며

쉼 없이 시대를 살아 낸 시인,

1991년 지리산 등반 도중 사고로 갑작스럽게 세상을 떠났다.

그해 고향 해남에 묻힌 시인을 찾아가는 대여섯 명의 친구들,

첫 번째 추모 여행.

5년, 7년, 10년이 흘러 13주기에는

'고정희 청소년 문학상', '고정희 문학 캠프'로

'고정희 기행'을 이어 가는 100여 명의 아이들.

나를 들여다보고 표현하고 함께 이뤄 나가는 여행.

"나는 한 번도 실제로 본 적도, 이야기해 보지도 않은 당신과

행복한 시간을 보내고 있습니다.

나는 당신의 시를 읽으며 그대가 되었지요."

— 10대 참가자가 시인에게 보내는 편지 중

"오늘 소녀들이 마련한 제사는 어땠어?

우리들이 30대에 한 일을 이 아이들은 10대에 하고 있어.

세상이 좋아진 걸까? 세상은 좋아질 건가."

— 조형, 고정희 시인의 친구이자 당시 여성재단 이사장

고정희 시인이 떠난 자리에서
서로 손잡은 이들의 여행이 이어지고 있다.

시인의 유산

길이 학교고 삶이 텍스트라고 말하는 청소년들이 있다. 과도한 경쟁과 획일적인 교육이 당연해진 한국 사회에서 이렇게 말하는 청소년들의 존재는 미안함과 죄책감을 느끼게 하는 동시에 반가움을 넘어 놀라움을 준다. 이들은 『로드스쿨러』에서 '공부한 것과 삶이 일치하지 않을 때, 배운 것과 실천하는 것이 다를 때, 다락방이든 공원이든 여왕의 무덤 앞이든 질문하고 대화하며 마음을 불편하게 하는 것의 정체를 추적해 간다'고 말한다. '길에서 배우는 사람'을 뜻하는 단어를 제목으로 쓴 책 『로드스쿨러』의 저자는 고글리. 이름이 특이하다. 누구일까? '고글리'는, '고정희 청소년 문학상에서 만나 글도 쓰고 문화 작업도 하는 이들의 마을蕃'을 줄인 말이다. 즉 시인 고정희를 통해 인연을 맺은 사람들이다.

고정희(1948~1991)는 전남 해남 출신이다. 1975년 《현대시학》을 통해 문단에 나와 죽기 전까지 『누가 홀로 술틀을 밟고 있는가』를 시작으로 『실락원 기행』, 『초혼제』, 『지리산의 봄』, 『저 무덤 위의 푸른 잔디』, 『여성해방 출사표』, 『모든 사라지는 것들은 뒤에 여백을 남긴다』등 모두 열 권의 시집을 발표했다. 오늘날 보수적 기독교계와 페미니스트 사이 갈등을 떠올리면 어색하지만, 고정희의 시에는 기독교적 세계관의 실현을 바라는 노래와 여성해방을 지향하는 페미니즘이 함께 펼쳐진다. 1984년에 만들어진 대안 문화 운동 단체 〈또하나의문화〉 창립 동인인 고정희는, 여성 문제에 대한 적극적인 고민을 바탕으로 여성 문화 무크지《또하나의문화》를 창간한 한편《여성신문》창간의 산파 구실을 하고 초대 편집주간을 맡아 대중매체를 통해 여성 문제를 공론화하는 데 이바지했다. 이렇게 활발하게 활동하던 1991년 6월 지리산 뱀사골에서 느닷없이 쏟아진 폭우에 실족, 마흔세 살에 죽음을 맞았다.

갑작스러운 죽음인 만큼 안타까움이 컸던 친구들은 고정희를 기리며 해마다 그녀의 고향 해남으로 여행을 떠난다. 그리고 고정희기념사업회를 만들어, 그녀를 단순히 기억하는 데서 더 나아가 그녀의 유산인 '자유롭고 평등한 세상 만들기'에 대한 신념을 확장하고 발전시키고 있다.

먼저, 2001년부터 격년으로 고정희상을 시상한다. 이 상은 여성간의 연대와 소외된 자들에 대한 관심을 구체적인 활동을 통해 제시한 여성을 위한 것이다. 지금까지 화가 윤석남, 소설가 이경자, 시인 김선우 등이 이 상을 받았다. 고정희자매상도 있다. 이 상은 개인이 아니라 단체에 주는 것으로 '장애여성 공감', '밀양 할머니', '진실과 화해를 위한 해외 입양인 모임' 등이 받았다. 그리고 2004년부터는 '고정희 전국 청소년 백일장'을 열어, 고정희처럼 페미니즘 문학을 이끌어 갈 청소년들을 발굴해 격려하고 있다. 전국에서 예선을 거치고 모인 청소년들이 고정희 시인을 추모하는 기행과 더불어 진행되는 본선에 참여한다. 사회가 정한 틀에서 벗어나 자유로운 상상력을 실천하는 『로드스쿨러』의 저자 고글리가 바로 이 행사의 수상자들이다.

고정희 시인은 결혼하지 않았고 아이가 없었지만 문학을 품고 문화를 낳았다. 그리고 「여자가 되는 것은 사자와 사는 일인가」를 곱씹으며 자기답게 살고 싶은 사람들의 각성이라는 유산이 우리 앞에 놓였다. '고글리' 같은 상속자들이 편견에 휘둘리지 않고 자유롭게 펼쳐 보일 상상력을 기대해 본다.

사회적 어머니, 이이효재

평생 결혼하지 않았지만 수많은 사람들로부터 어머니라고, 할머니라고 불린 여성이 있다. 같은 시대 여성들에 비해 키가 크고

공익을 위한 기부라면 큰돈을 내놓을 만큼 품도 컸는데 소소한 일에 쉽게 감동해 '감격시대'라는 별명을 얻은 사람, 이이효재李李效再(1924~2020)다.

이이효재는 대부분의 여성들이 학교 문턱도 넘지 못하던 1920년대에 유치원을 다닐 만큼 유복하고 특별한 환경에서 자랐다. 어머니는 사업에 성공한 할아버지 덕분에 서양식 교육을 받은 분이고, 아버지는 목사였다. 일제강점기에는 아버지가 신사참배를 거부해 가족 모두 고초를 겪고 생명의 위협을 느껴 만주로 숨어야 했다. 1945년 해방이 되자 간절히 바라던 이화여대 문과 학생이 되었다가 1947년에 미국 유학을 떠난다. 유학하는 동안 전쟁이 터진 조국의 상황을 안타까워하다 9년 만에 공부를 마치고 돌아왔다.

또래보다 교육의 기회를 많이 누리고 전쟁의 고난을 함께 겪지 못한 점에서 마음의 빚이 있던 이이효재는 1958년 이화여대에 사회학과를 창설하고 교수가 되고부터 영면하던 순간까지 전쟁으로 갈라진 나라에서 군사독재, 가부장제를 비롯한 억압 속에 사는 사람들의 손을 잡고 학문과 실천을 같이 북돋기 위해 노력했다. 무엇보다 한국 여성운동의 역사라는 수식어가 당연하게 느껴질 만큼 1세대 여성학자로서 소임을 다했다. 여성학을 도입해 여성의 현실을 이론화하고 1977년에 여성학과가 출범하는 데 주도적 구실을 했으며 최초의 여성 학술 단체인 '여성한국사

연구회', 사무직 여성 노동자와 주부 중심의 민주 운동을 펼치는 '한국여성민우회'를 창립했다. 한겨레신문, 한국여성노동자회, 한국여성단체연합, 한국정신대문제대책협의회 등 인권과 민주화를 위해 힘쓰는 자리라면 마다하지 않고 함께했다. 독재 정권에 맞섰다는 이유로 교수직에서 두 번이나 해임됐지만, 민주화의 현장에서 고생하는 제자들에게는 언제나 든든한 배경이었다.

1980년대 말부터 다양한 분야에서 주축으로 성장한 제자들은 이이효재라는 구심 덕에 화합하고 한목소리를 낼 수 있었다. 1997년 세계여성의날 기념 한국여성대회에서 부모성을 함께 쓰자는 선언문을 낭독하고 부모성 함께 쓰기 1호 선언자가 된 이이효재는 말장난으로 여겨지던 운동에 무게를 더하고 자연스럽게 호주제 폐지라는 여성계의 숙원에 대한 관심을 높였다. 결국 2005년에 호주제가 폐지되었고, 2020년 5월에는 법무부 법제개선위원회의 '부성父姓 우선주의' 폐지 권고가 나왔다. 이 밖에 인간과 자연, 도시와 농촌의 조화를 생각하는 생활협동조합에 힘을 보태고 말년에는 일선에서 물러나 고향 진해의 '도서관 할머니'로서 어린이들의 친구가 되었다.

이이효재를 '사회적 어머니'로 마음에 품은 이가 많을 것이다. 남성과 여성의 대결을 가르치지 않았으며 부성에도 모성만큼 큰 사랑이 있다면서 생명 있는 모든 것을 품은 그는 진정한 페미니스트의 길을 닦았다.

"모성뿐만 아니라 부성에도 사랑의 능력은 있어. 이걸 깨치면 전쟁보다는 평화를 부르짖을 수밖에 없지. 생태를 살리자고 할 수밖에 없어. 그래서 나는 희망이 있다고 봐."

참고 자료

박정희, 『이이효재』, 다산초당, 2019 | 「'해남이 낳은 시인' 여성운동가 고정희 추모 문화제 5~8일 열려」,《경향신문》, 2019년 6월 2일 | 「'로드 스쿨러' 고글리 '콩낭'과 '산'을 만나다」,《여성신문》, 2009년 12월 9일 | 「고정희상에 김선우 시인, 고정희 자매상에 밀양 할머니 선정」,《여성신문》, 2014년 10월 17일 | 민주화운동기념사업회 열사 정보 고정희 편

그려 보니
솔찬히 좋구만

'순천 소녀시대' 할머니들의 꿈과 인생

2017년 전남 순천 그림책 도서관.

가장 젊은 학생 55세, 맏언니는 87세.

한평생 까막눈으로 살아

색연필은커녕 연필을 잡는 것도 두려운 할머니 학생들.

손이 떨려 선을 긋는 것도 힘겹고

흰 종이만 봐도 겁이 났지만

그릴수록 점점 과감해지는 선과 독특한 색채,

따스한 기운이 감도는 그림들.

굳게 닫혔던 할머니들의 마음이 열리자

평생 묻어 둔 가슴속 이야기가

흰 종이 위로 쏟아져 나왔다.

나는 공부가 하고 싶었습니다.
밥할 때도 부지깽이를 시커멓게 태워서
내 이름하고 1부터 100까지를 썼습니다.
내가 아는 글자는 그것뿐이었습니다.
— 라양임

가난 때문에, 여자라는 이유로
배울 기회도 표현할 기회도 없었고
꿈이 있어도 펼치지 못하던 시절.
할머니가 되어서야 자신을 위한 시간을 내고
글과 그림을 배운
'순천 소녀시대' 할머니 스무 명의 그림일기.

그림을 그리며 홀로 있는 시간을 가득 채우고
잃어버렸던 자신을 찾은 할머니 화가들.
할머니들의 작품을 보고 싶어 한 많은 이들의 후원으로
2018년 3월 첫 번째 서울 전시, 2019년 4월 미국 순회 전시.

머리가 복잡할 때는 그림을 그립니다.

마음이 편안해지고 아픈 곳도 잊어버립니다.

새로운 것을 그릴 때마다 너무 신기합니다.

— 양순례

글과 그림을 배우며 자신감을 얻고 몸도 마음도 건강해진
할머니들의 일상, 평범한 기적.

동백꽃

4월 10 황지심

짜릿한 행복

"글을 아니까 어디를 가도 겁이 안 납니다. 글을 모를 때는 남한테 물어보기 부끄러워 버스를 놓친 것도 많았습니다. 지금은 혼자서 은행일도 다 봅니다. 그래서 비밀 통장도 만들었습니다. 평생 느껴 보지 못한 짜릿한 행복입니다."

순천 소녀시대 황지심 할머니가 쓴 「짜릿한 행복」이라는 글의 첫머리다.

이제 한글을 몰라 고생하는 사람은 없을 거라고 생각하는 사람들이 많지만 실상은 그렇지 않다. 2019년 한국농촌경제연구원의 '농촌 노인의 문해력 제고 방안' 연구 보고서에 따르면, 우리나라 농촌 노인의 절반 이상이 일상생활을 영위하는 데 필요한 문해 교육이 절실한 것으로 나타났다. 전국 농촌 지역 65세 이상 노인들을 대상으로 한 표본조사 결과, 농촌 노인 중 문해 교육이 필요한 노인이 100만여 명으로 전체 농촌 인구의 60퍼센트 가까이 되는 것으로 나타났다. 이 중 글을 읽고 쓰는 능력이 거의 없어서 기초 문해 교육이 필요한 노인은 40만 명 정도다. 농촌 마을당 29명, 읍·면당 754명에 해당한다. 이렇게 기초 문해 교육이 필요한 사람들은 대부분 여성이다. 왜 글을 전혀 모르는 할머니가 할아버지보다 더 많을까?

제일 큰 이유는 전쟁과 가난이다. 똑같이 전쟁과 가난을 겪었어도 남자는 여성보다 배울 기회가 많았다. 거의 모두가 어렵던 1950~1960년대 한정된 자원 속에서 교육의 기회는 아들, 남성에게 집중되었기 때문이다. 집안에서 딸, 여성은 성장 과정에 이미 재생산노동의 보조자 구실을 하는 경우가 많은 데다 '시집간 딸은 남과 같다'는 뜻으로 출가외인이라는 말을 쓰면서 딸에 대한 투자를 하기는 어려웠을 것이다. 정찬일이 『삼순이』에서 일제강점기부터 1950년대까지 가장 많은 여성들이 선택한 직종이라고 한 식모를 봐도 남의 집에서 노동시간이라는 개념도 없이 재생산노동을 담당했지만, 합당한 임금을 받기는커녕 집에서 입하나 더는 방법에 가까웠으며 학력은 필요 없었다.

늦게나마 한글을 배우기 시작한 할머니들의 소망은 소박하게 시작한다. 편지를 쓰거나 은행에서 일을 보는 등 남의 도움 없이 스스로 일상생활을 하는 것이다. 한 발 더 나아가면 손주에게 문자메시지를 보내고 친구와 약속을 정하기도 하며 소통하는 것이다. 그리고 당신의 인생 이야기를 쓰고, 그 삶을 존중받고 싶어한다. 결국 한 인간으로서 자아를 실현하고 타인과 소통하고 싶다, 이것은 사실 모든 사람의 바람이다. 그래서 문해 교육은 단순한 글자 교육이 아니라 '주변인'이 '주인'이 되는 교육이며 시민

교육이다. 이 말을 뒤집어 보면 우리 사회가 오랫동안 할머니들을 가난하고 못 배웠다는 이유로, 여성이라는 이유로 주변인 자리에 머무르게 했다는 뜻일 수도 있다.

할머니들의 글과 그림이 감동을 주는 것은 꾹꾹 눌러쓴 글자 하나하나에, 수없이 손길이 갔을 그림 속에 글자와 그림을 넘어선 삶이 담겨 있기 때문이다. '순천 소녀시대' 할머니들에게 글자를 가르친 김순자 선생님은 말한다.

"설렘과 두려움으로 시작한 한글 공부. 그동안 살아온 환경이나 배우지 못한 고통과 설움이 많은 만큼 글공부보다는 어르신들의 살아온 인생이야기를 듣는 것에 더 많은 시간을 할애했다."

글 쓰는 여성의 시대

30대 중반, 두 아이의 엄마로 아내이자 며느리, 딸로 살면서도 일과 공부를 놓지 않던 작가 은유는 『글쓰기의 최전선』에서 말한다. "이렇게 계속 살아도 괜찮은 걸까, 정말 나는 나쁜 엄마인가. 남들이 나를 어떻게 보는가는 크게 신경 쓰지 않았다. 다만

내가 나를 설명할 말들을 찾고 싶었다. 나를 이해할 언어를 찾고 싶었다."

자신의 삶을 설명할 말이 없을 때 누구나 약자가 된다. 그리고 살아남기 위해 언어를 찾는다. 지금 사회의 대부분이 남성의 언어로 구성되고 남성의 질서를 토대로 굴러가고 있기 때문에, 남성은 자신의 생각과 논리를 표현해야 할 이유도 문제의식을 가지고 기존 질서보다 더 나은 질서를 찾을 이유도 없다. 하지만 여성은 다르다. 자기가 겪는 고통과 부당함의 이유를 찾고 싶어서 끊임없이 질문하고 답을 구하며 자기 언어를 찾는다. 언어를 찾아야 고통을 설명할 수 있고, 부당함이 문제라고 말할 수 있고, 궁극적으로는 존재를 증명할 수 있기 때문이다.

조선 중기의 시인 난설헌蘭雪軒 허초희許楚姬도 시를 통해 자기 자신을 찾으려고 분투한 여성이다. 아버지를 비롯해 형제들과 나란히 문장으로 가문의 명성을 떨칠 만큼 글재주가 뛰어났는데, 결혼 후 남편의 외도와 시어머니의 냉대에 아이들의 죽음까지 겹쳐 삶이 피폐했다. 자유롭던 유년기의 행복과 대비되는 보수적인 집안의 아내이자 며느리 구실에 친정의 몰락까지 겪은 난설헌은 스물일곱 살에 세상을 떠났다. 『홍길동전』으로 유명한 동생 허균許筠이 이른 죽음과 재능을 안타까워하며 명에서 온 사신에게 누이의 시를 전한 덕에 명에서 책으로 나온 난설헌의 시는 큰 인기를 누리고 다시 조선으로 수입되기까지 했다. 나라 안

스페인 마드리드의 페미니스트 벽화. 극우 세력의 반감 탓에 철거 위기를 겪기도 했다.

팎에서 지금도 사랑받는 난설헌의 시를 보면 그녀가 남자였다면, 결혼하지 않았다면, 다른 시대에 태어났다면 어땠을까 하고 부질없는 가정을 계속 하게 된다.

버지니아 울프Virginia Woolf는 『자기만의 방A Room of One's Own』에서 여성이 글을 쓰려면 '자기만의 방과 500파운드의 돈'이 필요하다고 주장했다. 출판된 지 거의 100년이 되며 페미니즘의 고전으로 꼽히는 이 책은 1928년 케임브리지대학의 여자대학에서 진행한 '여성과 픽션'이라는 강의 내용을 정리한 것이다. 울프의 아버지는 케임브리지대학 교수였으며 『영국인명사전Dictionary of National Biography』의 초대 편집자로 알려진 레슬리 스티븐Leslie Stephen 이다. 이런 아버지의 사랑을 듬뿍 받고 아버지의 서재에서 마음껏 책을 읽으며 자랐지만 울프는 남자 형제들이 모두 간 케임브리지대학에 갈 수 없었다. 당대 최고의 지식인으로 꼽히던 아버지가 학교교육은 남자가 받는 것이라고 여겼기 때문이다. 딸에게 필요한 것은 케임브리지대학 출신 남편이지 케임브리지대학의 교육은 아니라는 것이 아버지의 판단이었다. 울프로서는 도저히 납득할 수 없었다. 이 현실의 부조리를 해석하고 살아남기 위해 그녀가 선택한 것이 글쓰기다.

시대와 지역이 달라도 자기 재능을 깨달은 여성이 온전히 자기답게 살기가 어렵기는 마찬가지였다. 여성의 언어는 그 자신이 존재를 증명하기 위해서도 필요하지만 이 사회를 위해서도

그려 보니 솔찬히 좋구만

꼭 세상 밖으로 나와야 할 목소리다. 약자로서 자신을 잘 성찰한 여성의 상상력은 소외된 모든 사람에게로 확장할 수 있기 때문이다. 혐오가 일상이 되어 버린 시대에 약자의 자리에서 세상을 바라보는 글들이 더 많이 흘러나와야 한다. 여성이 글을 쓰는 이유다.

참고 자료

권정자 외, 『우리가 글을 몰랐지 인생을 몰랐나』, 남해의봄날, 2019 | 이고은, 『여성의 글쓰기』, 생각의힘, 2019 | 장영은, 『쓰고 싸우고 살아남다』, 민음사, 2020 | 은유, 『글쓰기의 최전선』, 메멘토, 2015 | 「샴푸를 위장약인 줄 알고 마시고…농촌 노인 절반 문해 교육 필요」, 《연합뉴스》, 2019년 3월 14일 | 「글 가르치는 건 국어 교육 아닌 시민 교육입니다」, 《한겨레》, 2011년 7월 21일 | 「시대에 앞선 재능, 봉건의 벽에 갇혀버렸네」, 《여성신문》, 2005년 5월 12일

그림과 사진 출처

37쪽, 96~97쪽 ⓒBohemian Photography/Shutterstock.com | 48~49쪽 ⓒAlena Vezza/Shutterstock.com | 55쪽 ⓒLordprice Collection/Alamy Stock Photo | 72~73쪽 ⓒHeritage Image Partnership Ltd./Alamy Stock Photo | 82~83쪽 ⓒAsianet-Pakistan/Alamy Stock Photo | 91쪽 ⓒsaba af/Shutterstock.com | 114~115쪽 ⓒ국립중앙박물관 | 119쪽 ⓒ수원박물관 | 136~137쪽 ⓒ연합뉴스 | 151쪽 ⓒIR Stone/Shutterstock.com | 159쪽 ⓒIconographic Archive/Alamy Stock Photo | 178쪽 ⓒJohn Gomez/Shutterstock.com | 207쪽 ⓒWillrow Hood/Shutterstock.com | 216~217쪽 ⓒrblfmr/Shutterstock.com | 226~227쪽 ⓒ춘천여고 | 258~259쪽 ⓒ김명남 | 263쪽 ⓒ황지심 | 268~269쪽 ⓒMarcos del Mazo/Alamy Stock Photo

게재 허락을 받지 못한 사진은 저작권자가 확인되는 대로 허락을 받고 통례에 따라 사용료를 지불하겠습니다.

이 책의 106~108쪽은 영화 〈김복동〉을 바탕으로 쓰였습니다.

EBS 지식채널 ⓔ

젠더 스펙트럼

1판 1쇄 발행 2021년 4월 30일

지은이 지식채널ⓔ 제작팀

해설 글 박채란

펴낸이 김명중

콘텐츠기획센터장 류재호 | 북&렉처프로젝트팀장 유규오

북팀 박혜숙 여운성 장효순 최재진 | 마케팅 김효정 최은영

책임편집 김정민 | 디자인 박대성 | 인쇄 상식문화

펴낸곳 한국교육방송공사(EBS)

출판신고 2001년 1월 8일 제2017-000193호

주소 경기도 고양시 일산동구 한류월드로 281 | 대표전화 1588-1580

홈페이지 www.ebs.co.kr

ISBN 978-89-547-5794-2 04300

ISBN 978-89-547-5415-6 (세트)